HISTOIRES PRAGOISES

Rainer Maria Rilke

HISTOIRES PRAGOISES

RÉCITS

Traduits de l'allemand
par Maurice Betz, Hélène Zylberberg
et Louis Desportes

Éditions du Seuil

Le roi Bohusch a été traduit par Maurice Betz,
Frère et sœur a été traduit par Hélène Zylberberg
et Louis Desportes

TEXTE INTÉGRAL

ÉDITEUR ORIGINAL
Insel Verlag, Frankfurt-am-Main, 1929.

Extrait des *Œuvres* t. 1, *Prose*, collection « Le don des langues », 1966,
édition établie par Paul de Man

(ISBN 2-02-001619-2, édition brochée;
ISBN 2-02-001776-8, édition reliée)

ISBN 2-02-033143-8
(ISBN 2-02-006378-6, 1re publication poche)

PRÉFACE
PAR LIONEL RICHARD

Né en 1875 à Prague, Rilke appartenait, par sa famille, à la minorité allemande de Tchécoslovaquie. Dans cette capitale de la Bohême, alors simple province de la monarchie austro-hongroise, cohabitaient trois populations et trois cultures : la tchèque, l'allemande et la juive. C'est là qu'il a passé toute son enfance et qu'après un intermède malheureux à l'école militaire de Saint-Pölten, près de Vienne, puis un an à l'école de commerce de Linz, il a vécu jusqu'à son départ à Munich, en septembre 1896. Métropole chantée par les poètes de langue allemande, à la fin du XIXe siècle, comme fantomatique, mystérieuse, prisonnière des sortilèges, Prague a donc, à travers toutes ses premières expériences de la vie, imprégné sa mémoire. Sa mère, en Allemande imbue de sa supériorité, méprisait les Tchèques. Lui, en opposition sans doute, éprouvait pour leur langue, leur folklore, leur existence, l'attrait de l'exotisme.

Les Allemands, bien que dix fois moins nombreux que les Tchèques, étaient les maîtres à Prague : ils avaient des écoles prestigieuses, deux théâtres, deux quotidiens, des maisons d'édition. C'est dans cette vie culturelle pragoise que, dès qu'il commence à se vouloir écrivain, Rilke cherche à s'imposer. Il adhère à l'Union des artistes allemands de Bohême. Il éparpille dans les revues, de 1891 à 1897, des poèmes, des textes en prose, des pièces de théâtre. En 1895, il prend pour décor le pittoresque de Prague dans un recueil lyrique, *Offrande aux Lares.* Autant de pages qu'il désavoue plus ou moins après 1902, suite à son séjour à Paris comme secrétaire de Rodin et d'où résultent, en 1910, *Les Cahiers de Malte Laurids Brigge*.

Les *Histoires pragoises* ont été rédigées à Munich en 1897 et 1898. Elles ont été publiées en mars 1899. Rilke y projette les souvenirs dont l'a nourri sa ville natale : les vieux quartiers, le château, le pont Charles, le Café National, où palabrent les étudiants sur l'avenir de la nation tchèque. Il rompt à jamais, en même temps, avec le passé que la Bohême représentait pour lui. S'il assemble *Le Roi Bohusch* à *Frère et sœur*, c'est qu'il pense que ces deux textes sont fondés non seulement sur des matériaux semblables, mais qu'ils se complètent dans leurs thèmes et leurs intentions.

À l'exception des lieux et de l'époque, ils n'ont en commun, à vrai dire, que des éléments ténus. Vaguement évoqué, dans *Frère et sœur*, le personnage de Bohusch, célèbre parmi les étudiants pour la chronique édifiante de sa mort. Présence plus marquée, dans ces *Histoires pragoises*, de l'étudiant Rezek, « l'homme de l'ombre » qui prétend travailler à une « libération nationale ». Toutefois l'essentiel, qui unit les deux textes, est ailleurs. C'est le nationalisme tchèque. Un nationalisme montré pathétique, naïf dans la foi et la grandiloquence de ses adeptes, inutilement conspirateur, et porteur d'échecs.

Pour Rilke, comme il l'a écrit dans une présentation de son livre en 1899, le peuple tchèque est encore dans l'enfance, alors que le « peuple frère » qui le domine, est « âgé, adulte ». En conséquence, ne faut-il pas attendre que le peuple tchèque, en pleine santé, grandisse et devienne fort ? Ainsi pense Bohusch, petit bossu généreux, idéaliste, qui règne sur un domaine infini, celui de ses rêves. Mais il tombe victime d'une trahison. Même destin pour l'intelligent et raisonnable étudiant Zdenko Wanka, dans *Frère et sœur*, qui, tout en doutant, « l'âme déchirée », finit par suivre aveuglément l'agitateur Rezek. Lequel estime pourtant, lui aussi, que le peuple tchèque « est encore dans l'enfance ».

Les *Histoires pragoises* peuvent donc être considérées comme des contes symboliques. Dans sa volonté de suggérer le sens des oppositions entre Allemands et Tchèques à Prague, l'inefficacité de la haine réciproque, Rilke ne centre pas son récit sur une intrigue et une seule. Il vagabonde, au gré de la poésie que lui ont inspirée ses propres contacts avec Prague et les Tchèques. Tout en maniant aussi la satire à l'égard du milieu intellectuel pragois, c'est cette poésie qu'il exalte. À travers elle, il prône une réconciliation. Le message en est clair à la fin de *Frère et sœur*. Peut-être même trop clair. L'angélique Luisa Wanka, naguère fascinée par Rezek, se décide à braver le voisinage en continuant de partager son toit avec le préparateur en pharmacie auquel sa mère, avant sa mort, avait loué la chambre de son frère Zdenko. Or ce préparateur en pharmacie est un Allemand qui s'appelle Ernst Land. Nom évocateur à souhait, puisqu'il suggère l'idée d'un « pays sérieux » !

Après les *Histoires pragoises*, Rilke rédige, en novembre 1899, ses *Histoires du Bon Dieu*. Nul hasard, certainement, s'il met dans la bouche de l'étudiant Zdenko Wanka ces phrases qui forment le principe même de son nouveau livre : « Il me semble que le Bon Dieu est tout à fait en bas, que le pape est un peu au-dessus, et ainsi de suite. Tout en haut, il y a le peuple. »

Rainer Maria Rilke est né à Prague en 1875. À l'âge de onze ans, il est envoyé à l'école militaire de St-Pölten, puis à celle de Märisch-Weisskirchen (laquelle inspirera Les Désarrois de l'élève Törless *à R. Musil). À Munich, en 1896, il rencontre Lou Andreas-Salomé qui aura une influence décisive sur sa vocation poétique. Ensemble, ils se rendent en Russie. Après la rupture avec Lou, Rilke se joint à une colonie d'artistes, à Worpswede, près de Brême, y rencontre Clara Westhoff, sculpteur, qu'il épouse et dont il aura une fille, Ruth. C'est Clara qui, à Paris, en 1902, présentera Rilke à son maître Auguste Rodin. Le couple se sépare un an plus tard. Rilke réside à Rome, voyage en Scandinavie. En 1906 il devient le secrétaire de Rodin, mais une brouille sépare les deux hommes. Il s'enthousiasme pour la peinture de Cézanne. Réconcilié avec Rodin, il recommence à voyager, en Afrique du Nord, en Espagne, puis séjourne au château de Duino (1911 et 1912) en Dalmatie, comme hôte de la princesse Marie de La Tour et Taxis. Ressortissant autrichien, il est mobilisé en 1916. Après un nouveau séjour à Paris, il se fixe au château de Muzot dans le Valais avec « Merline » (Baladine Klossowska). Atteint d'une leucémie aiguë, il meurt en 1926, à la clinique de Val-Mont.*

On peut distinguer trois phases dans la carrière de Rilke. La première (1900-1906), dominée par le Livre d'heures, *s'inscrit dans le contexte des rencontres et des voyages. La deuxième (1906-1910) est marquée par l'élaboration des* Cahiers de Malte Laurids Brigge. *La troisième voit l'achèvement des* Élégies de Duino *et la composition des* Sonnets à Orphée *qui affirment la consécration définitive et universelle du poète.*

Ce livre n'est que passé. Son arrière-plan : le pays et l'enfance, tous deux lointains depuis longtemps. Aujourd'hui, je ne l'écrirais pas ainsi, mais je ne l'écrirais sans doute pas du tout. Cependant, à l'époque où je l'ai écrit, c'était pour moi une nécessité. Il m'a rendu cher ce que j'avais à demi oublié et il m'en a fait don. Car, de notre passé, nous ne possédons que ce que nous aimons. Et nous voulons posséder tout ce que nous avons vécu.

Rainer Maria Rilke
Schmargendorf, février 1899

Le roi Bohusch

TRADUCTION DE MAURICE BETZ

1.

Lorsque le grand acteur Norinski entra à trois heures de l'après-midi au *Café national* qui est situé en face du Théâtre tchèque de Prague, il sursauta légèrement, mais sourit presque aussitôt de son sourire le plus dédaigneux : dans la glace qui, de biais, coupait un pan en face de la porte, quelque encoignure éloignée de la salle du café s'était prise, et il y avait reconnu une colonne en marbre, inclinée, et, sous cette colonne, un petit homme bossu dont les yeux étranges dans une tête informe semblaient, d'un regard fixe, guetter le nouveau venu. L'étrangeté de ce regard dans les profondeurs duquel on ne savait quoi d'inouï semblait se refléter obscurément, avait un instant effrayé l'acteur. Non pas qu'il fût d'une nature particulièrement peureuse, mais à cause de la distraction pensive et profonde propre aux grands artistes tels que lui, à travers laquelle chaque événement doit en quelque sorte se frayer un chemin. En face de l'original du personnage,

Norinski n'éprouvait plus rien de semblable. Durant un long moment il toisa même le bossu, cependant que, d'un air inutilement important, il donnait la main aux habitués de sa table. Ces poignées de main exigeaient un certain temps parce que chacune d'elles se décomposait en trois mouvements. Premier acte : en hésitant, la main de l'acteur répond à la prière des mains qu'on lui tend. Deuxième acte : sa main parle avec force à la main qu'elle étreint : Sentez-vous bien l'importance de cette minute ? Troisième acte et dénouement : chacune à son tour, Norinski lâche toutes les mains offertes, les rejette avec mépris : Oh ! misérables, vous doutez-vous seulement… ? Ces misérables étaient en l'occurrence : Karas, le pâle et long critique du *Tchas*, qui se distinguait par un cou d'une longueur exceptionnelle et, comme l'avait dit un jour un méchant confrère juif, par une pomme d'Adam particulièrement courtoise qui accompagnait chaque gorgée à travers la solitude du gosier, jusqu'au bord du col où elle ne pouvait plus s'égarer, puis, serviable et empressée, remontait à son poste ; Schileder, le beau peintre qui peignait des choses si tristes ; l'écrivain Patek, le poète Machal, et enfin l'étudiant Rezek assis légèrement à l'écart, qui buvait dans un grand verre du *tchay* chaud avec beaucoup de cognac, et gardait le silence. Enfin Norinski parut apercevoir le bossu. Il rit :

— Le roi Bohusch !

Et avec un « Majesté » ironique, il tendit la main par-dessus la table en marbre.

Le petit sursauta et, pour ne pas faire attendre l'acteur, il envoya à sa rencontre, avec une hâte excessive, ses doigts jaunes et difformes, de telle sorte que les deux mains se cherchèrent un instant en l'air comme des oiseaux. Cela sembla drôle à Bohusch ; il fit entendre un rire tremblant et brisé, qu'il interrompit peureusement lorsqu'il remarqua que les marques de petite vérole sur le front de Norinski disparaissaient sous des plis irrités. L'acteur murmura quelques mots, retira sa main sans avoir atteint l'autre et dit à Karas d'un ton de mauvaise humeur :

— Quelles balivernes écrivez-vous donc, mon cher ? Mais, je vous le dis, je continuerai à jouer mon Hamlet comme je l'ai fait hier. Comprenez bien, mon cher, que c'est *mon* Hamlet que je joue.

Karas avala quelque chose et parla confusément de la conception du rôle qu'avaient manifestée des hommes importants ; il suffisait de nommer par exemple Kainz...

L'étudiant Rezek vida son verre d'un geste violent et Norinski dit avec animation :

— Mon cher ami, mais en quoi me regarde un Hamlet allemand ? Tu ne prétendras tout de même pas que nous ne puissions, nous aussi, avoir notre opinion ! Shakespeare est-il un Allemand ? Alors que viennent faire ici les Allemands ? Je m'inspire directement de l'original anglais.

— Il n'y a que cela de vrai, approuva Patek, qui caressa d'une main soignée sa barbiche taillée à la dernière mode.

— Ton costume, du reste — je parle d'un point de vue pictural — était parfait, ajouta le beau peintre pour l'amadouer, et Norinski très vite se tourna vers lui.

— Oui, bâilla-t-il avec nonchalance, puis d'une voix condescendante : Et que fait votre pièce, Machal ?

Un instant le poète, en silence, regarda au fond de son verre d'absinthe, puis il répondit d'une voix douce et dolente :

— C'est le printemps.

Tous attendaient une explication plus complète, mais le poète était déjà reparti pour le pâle jardin de ses rêves.

Il regarda grandir son verre d'absinthe, jusqu'à ce que lui-même se sentît, au milieu de cette lumière opaline, tout léger et dissous dans cette atmosphère étrange. Seul, Schileder avait pris au sérieux ce mot tout-puissant. Il le sentait au-dessus de lui, si près qu'il n'eût pu même cligner des paupières. Au fond de lui, il pensait : « Mon Dieu, chacun pourrait en dire autant. Qu'a-t-il donc dit de particulier ? Moi aussi je pourrais dire : — C'est le... »

Il n'eut pas le temps d'achever. Tous riaient et Schileder respira lorsqu'il comprit par la mine des autres que la parole de Machal n'avait pas une portée si considérable.

Karas se tourna vers le poète :

— C'est-à-dire que ta pièce fleurit ? Hein ?

A ces mots Machal prit congé de sa muse avec une révérence : « Excusez-moi », et quitta à contrecœur son univers opalin. Mais le malentendu, décidément, était trop grave.

— Non, appuya-t-il. Cela veut dire que je suis trop triste, maintenant. Cela veut dire que c'est un temps où la nature méconnaît tout devenir, où je suis fatigué, fatigué par ce douloureux bourgeonnement.

— Mais excusez-moi — l'écrivain tapota de son gant jaune sur l'épaule du poète — c'est bien possible, mais ce n'est pas le printemps, cela ?

Et le peintre pensa : « Non ce n'est pas le printemps. »

— Au joli mois de mai, déclamait l'acteur.

— Jadis, répondit le poète en un souffle, et d'un geste de la main il repoussa ce temps lointain, jadis il en était comme dans les poésies anciennes — le printemps : lumière, amour et vie. Mais quiconque croit encore cela, se ment à soi-même.

« Quel dommage, pensa le peintre, il n'y a donc plus de printemps ? »

Mais Machal leva en pleine lumière de l'après-midi son visage défiguré par de grandes taches de rousseur, et par la fenêtre il aperçut justement le perron du Théâtre national le long duquel un agent de police allait et venait. Ce n'était pas précisément cela qu'il avait voulu montrer à ses interlocuteurs, mais il dit néanmoins :

— Regardez dehors. Cette lutte avec la stupide motte en friche que chacun de ces fins et faibles bourgeons doit soutenir pour atteindre son été. Ici — et il se vissa un peu plus haut — le bourgeon désarmé qui veut fleurir, c'est tout ce qu'il peut faire, il ne peut que fleurir et il ne veut déranger personne, et malgré cela ils sont tous contre lui : les mottes noires qui ne le laissent passer qu'après une longue attente, les jours qui laissent tomber sur lui, au hasard, de la chaleur, de la pluie et du vent, et les nuits qui s'approchent lentement pour l'étrangler de leurs doigts glacés. Ce lâche et triste combat, c'est le printemps.

Machal frissonna ; ses yeux s'éteignirent. Le roi Bohusch le regardait fixement. Il lui semblait que le poète parlait avec injustice, et beaucoup d'objections affluaient à son esprit. Il était tenté de se lever et, debout et joyeux, de prendre la défense du printemps qui était malgré tout plein de victoire et de soleil. Tant de belles pensées lui montaient à la tête qu'il sentit ses joues devenir chaudes et qu'un instant il oublia de respirer. Mais à quoi eût servi qu'il se levât ? Ils s'en seraient à peine aperçus, car Bohusch, assis sur la haute banquette de velours, paraissait presque plus grand que lorsqu'il était debout. Et sa voix, de même, aurait à peine atteint Norinski ; de telles distances la rendaient déjà mal assurée et elle voletait maladroitement comme un oiseau touché. Bohusch savait cela. Aussi se tut-il, serra ses lèvres qui semblaient sculptées dans du bois, et commença, comme il faisait souvent dans son enfance, à jouer en silence avec une foule de pensées dorées, à échafauder des montagnes et des châteaux entiers, aux murs percés de hautes fenêtres à colonnes par lesquelles ses songes le saluaient. Et il était si riche qu'il pouvait toujours élever de nouveaux palais dont aucun ne ressemblait au précédent, et ce n'est pas peu dire, car le petit s'adonnait à ce jeu depuis plus de trente ans, à dater de sa cinquième année, sans jamais se répéter.

Cependant que Machal s'était certainement de nouveau perdu dans son verre d'absinthe, les autres parlaient tous à la fois de mille banalités quotidiennes, et au-dessus de tout cela planait, comme un oiseau aux ailes grandes ouvertes, la voix de basse de l'acteur. Mais Bohusch, dans son coin, poursuivait son apologie du printemps. En réalité, il ne le connaissait que sous l'aspect qu'il avait dans l'humide Hirschgraben, ou au cimetière Malvasinka ; un jour, tout enfant, il l'avait vu dans la sauvage Scharka, et aujourd'hui encore, il percevait dans sa poitrine un subtil et ancien écho de cette journée de dimanche. Mais quelle félicité était-ce, sans doute, de le voir là où est sa patrie, loin de la ville et de son agitation, et Bohusch se sentait irrité et blessé à la pensée que ces hommes qui étaient autour de lui, et qui avaient cependant vu beaucoup de pays, permettaient que l'on calomniât le printemps. Ne devait-il pas le leur dire ? Mais un essai hésitant de ses lèvres se perdit sans laisser de traces dans la confusion de la conversation générale, et le pauvre Bohusch n'eût rien su dire de plus. Comme si elles craignaient d'être trahies, ses pensées, avec une véhémence inquiète, fuyaient la belle assemblée, et, à leur place, une seule image occupait son cerveau qu'il exprimait sans peine et sans que d'ailleurs personne y prît garde : « Oui, mon père. » Un instant s'écoula avant que le bossu çomprît clairement pourquoi, à cet instant, il pensait justement à son père. Il le voyait : dans son immense paletot de fourrure à tresses, dont le col semblait se confondre avec sa grande barbe, M. Bohusch marchait d'un pas large et assuré dans le haut vestibule crépi de lumière du vieux palais de la rue de l'Éperon. Le pommeau d'or de sa crosse touchait presque les franges dorées du rebord de son chapeau sous lequel ses yeux veillaient, graves et attentifs. Et l'enfant maladif se postait souvent derrière la porte de la loge du portier, et par une fente regardait son père dont la stature était plus haute que celle de tous les autres hommes et du vieux prince lui-même, devant lequel le père se découvrait respectueusement sans cependant s'incliner très bas. D'un baiser ou d'un sourire de cet homme, Bohusch, si loin qu'il cherchât, ne pouvait se souvenir, mais sa stature et sa voix faisaient partie des impressions les plus nettes de son enfance. Et c'est pourquoi il se rappelait toujours son père, chaque fois qu'il enviait au défunt l'un de ces deux avantages et qu'il se disait : L'un et l'autre restent en somme maintenant inutilisés ; il n'a besoin ni de sa voix ni de sa grande taille. Pourquoi a-t-il emporté tout cela ? Et lorsque le bossu y pensait, il se sentait chaque fois comme emporté, entraîné. Ses pensées n'étaient plus en lui, elles couraient devant lui, et il devait les poursuivre, pour les reprendre. Pouvait-on ainsi les laisser courir ? Hors d'haleine, il les rejoignait chaque fois au même endroit. C'était une belle nuit d'automne avec des nuages rapides. La lumière incertaine était juste assez patiente pour permettre à Bohusch de reconnaître une plaque de marbre sur laquelle, entre les branches foisonnantes, il pouvait lire : Bitezlav Bohusch, portier ducal. Et chaque fois que le petit lisait cela, il commençait à creuser avec des ongles avides dans l'herbe et la terre, jusqu'à ce qu'il se sentît de plus en plus fatigué, et que l'haleine de la terre humide devînt de plus en plus lourde et plus nébuleuse, et que ses ongles commençassent à crisser sur le bois lisse du grand cercueil jaune. Et alors il se voyait à genoux sur le cercueil, dans la fosse sombre, rester indécis durant quelques secondes. Jusqu'à ce que, enfin, il trouvât une solution : on devait pouvoir briser cette planche en cognant de la tête, de même que l'on pouvait briser une vitre. Ne l'avait-on pas toujours raillé à cause de la dureté de son crâne ? Il allait donc être bon du moins à cela. Crac ! La planche cède comme une vitre, et Bohusch étend sa main brûlante, retire de cette obscurité moite la poitrine de son père, en revêt comme une cuirasse ses épaules timides, étend encore la main, cherche et cherche de ses doigts convulsés, s'aide de l'autre main, et ne parvient pas à comprendre pourquoi ses deux mains sanglantes ne trouvent pas la voix de son père.

2.

Les premiers soirs de printemps, l'air est d'une fraîcheur humide qui se pose doucement sur toutes les couleurs et les rend plus lumineuses et plus semblables les unes aux autres. Les claires maisons du quai ont presque toutes pris la teinte pâle du ciel, et seules les fenêtres tressaillent de temps en temps dans une luminosité chaude et, réconciliées, s'éteignent au crépuscule, lorsque le soleil ne les dérange plus. Seule, la tour de Saint-Vit reste encore debout dans son antique et éternelle grisaille.

— Elle est vraiment un signal, dit Bohusch à l'étudiant silencieux, elle survit à tous les crépuscules et demeure toujours égale à elle-même. Je veux dire dans la couleur, n'est-ce pas ?

Rezek n'avait rien entendu. Il regardait vers le pont de la Mala Strana où l'on allumait justement les lumières.

Bohusch poursuivit :

— Je connais ma petite mère Prague jusqu'au cœur. Jusqu'au cœur, répéta-t-il, comme si quelqu'un avait mis son affirmation en doute, car c'est bien son cœur, ce côté-là, avec le Hradschin. Au cœur se trouve toujours le plus secret et, voyez-vous, il y a tant de choses secrètes, là, dans ces vieilles maisons. Je dois vous le dire, Rezek, car vous êtes du pays et ne le savez peut-être pas. Mais il y a là de vieilles chapelles, seigneur, et que d'objets étranges s'y rencontrent ! Des images et des lampes et des coffres entiers, je ne mens pas, des coffres entiers pleins d'or. Et de ces vieilles chapelles, des couloirs souterrains conduisant très loin sous la ville, peut-être jusqu'à Vienne.

Rezek regarda le bossu de profil.

— Par mon âme, jura celui-ci, et il posa sa main sur son étroite poitrine difforme, jamais je ne l'aurais cru moi-même, jamais de la vie. Mais je l'ai vu un jour ; non pas dans une chapelle, mais...

— Où ? interrogea tout à coup l'étudiant avec un intérêt si résolu que le petit homme prit peur.

— Voyez-vous, dit-il, vous ne le croirez pas. Mais tout au fond de notre cave il y a quelque part un creux, on descend deux marches peut-être, et voici dans le mur un trou, tout juste assez grand pour qu'on puisse passer au travers, à quatre pattes, naturellement.

Le rire brisé de Bohusch fusa.

— Bien, et puis ? insista Rezek qui ajouta ensuite d'une voix plus calme, tout en roulant une cigarette entre ses doigts agiles : Et après ?

— Je n'y aurais jamais pénétré, Dieu m'en garde ! Mais la chandelle avec laquelle j'étais descendu, un jour, m'échappa et tomba entre de vieilles bûches de bois sec. Vous devinez ma peur, Rezek : une chandelle qui brûle dans du vieux bois sec ! Je la retrouve enfin ; elle s'était naturellement éteinte, mais par pure crainte je continue à fouiller. Une étincelle aurait pu malgré tout s'égarer quelque part. Or, voici que je glisse tout à coup plus bas, avec tout mon bois, et que je me trouve assis devant l'ouverture. Je regarde. Pas possible ! Encore une cave ? Je fais de la lumière. Il n'y a là qu'un couloir, qui conduit Dieu sait où, oui, Dieu seul le sait.

Ils descendaient à présent lentement le quai vers le pont de pierre. Rezek tira une longue bouffée de sa petite cigarette toute transpercée d'humidité, et dit sans abaisser son regard sur Bohusch :

— Mais bien entendu, ce trou a été maçonné depuis longtemps ?

— Maçonné ? gloussa Bohusch, maçonné ? — Et il put à peine se tenir de rire. — Et qui donc irait maçonner cela ?

— Eh bien, vous avez sans doute signalé quelque part l'existence de ce couloir ?

L'étudiant semblait presque irrité. Ses yeux sombres guettaient dans son visage pâle, comme s'ils allaient se jeter sur la réponse du petit homme.

Celui-ci venait seulement de retrouver son calme.

— Vous pensez bien que je l'ai raconté à ma mère, cela va de soi. Mais elle a dit : « Un trou ? En quoi cela nous regarde-t-il, Bohusch ? Replace le bois où il était. » Et j'ai donc replacé le bois où il était. Elle a parfaitement raison. En quoi ce trou peut-il nous regarder ?

L'étudiant approuva d'un air distrait, puis dit rapidement :

— Il fait encore froid en avril.

Il remonta ses épaules carrées et referma le pardessus d'été jaunâtre et usé qu'il avait porté durant tout l'hiver.

— Si nous allions là-bas, au café ? Un *tchay* nous fera du bien. Venez !

Il glissa sa main sous le bras du bossu et voulut l'entraîner. Mais Bohusch se défendit :

— Mais que pensez-vous donc, Rezek, nous sommes restés assez longtemps au café.

— Oui, mais avec ces gens-là — Rezek mit l'expression de tout son mépris dans ces derniers mots —, c'est avec vous que je veux causer, non pas avec ces messieurs, avec des « artistes ».

— Que dites-vous là ? s'étonna Bohusch. Il me semble que notre peuple peut être fier d'eux.

Rezek s'arrêta net et pâlit.

— Ces gens-là devraient plutôt être fiers de notre peuple. Mais croyez-m'en, ils ne savent rien les uns des autres, ni le peuple d'eux, ni eux du peuple. Je vous le demande, que sont-ils donc ? Sont-ce des Tchèques ? Regardez n'importe lequel d'entre eux. Karas écrit dans des journaux allemands sur notre art. Et notre art, qu'est-ce ? Des chansons peut-être comme les pourrait chanter ce peuple tout jeune, sain et à peine éveillé ? Des récits sur sa force, son courage et sa liberté ? Des images de son pays ? Oui ? Jamais de la vie ! De cela ces messieurs ne savent absolument rien.

Ils ne sont pas d'aujourd'hui comme ce peuple qui est encore en pleine enfance, plein de désirs, et qui n'a encore rien accompli. Ils ont été achevés en une seule nuit. Trop mûrs, déjà. C'est tellement plus aisé que de suivre son propre chemin, à travers l'oppression que le peuple doit souffrir ! On arrive sans peine. On importe tout de Paris : les vêtements, les pensées et l'inspiration. On était hier un enfant, on est aujourd'hui un jeune vieillard, déjà blasé. On sait soudain tout. Et l'on adapte son art à cette attitude. On peint des scènes d'horreur et des orgies. On cherche la fille dans la femme, et on l'exalte dans des romans ; puis, dans des chansons frivoles, on condamne cette fille et l'on célèbre l'amour viril en des strophes massives. Et l'on est enfin arrivé au but : on ne célèbre plus, on ne condamne plus. On est las de tout cela. On a tout dépassé. On est mystique. On n'est plus du tout chez soi, ici, en Bohême, à quoi bon ? On a sa patrie je ne sais où, par exemple à la source de toute vie. C'est très drôle, n'est-ce pas ? Tandis que ce peuple se donne du mal, et pour la première fois découvre qu'il est jeune et sain, et sent toute la force inquiète du commencement qui coule dans ses veines, les artistes profanent sa langue en abusant de son printemps pour exprimer un déclin par un art maladif.

L'étudiant s'était échauffé en parlant et sa voix s'enrouait. Tous deux étaient encore au même endroit. Des passants commencèrent à devenir attentifs et un agent aussi lançait de temps à autre un regard méfiant vers les deux promeneurs. Bohusch, en silence, levait les yeux vers l'étudiant qui lui semblait se dresser dans le ciel, aussi haut et aussi fièrement que, là-bas, la vieille tour de la cathédrale.

D'une voix soudain altérée, Rezek, irrité par la curiosité des gens, dit :

— Venez donc au café.

Et Bohusch, obéissant comme à un ordre, le suivit. Il ne pouvait même pas imaginer qu'il pût dire non. Cependant, lorsqu'ils s'arrêtèrent de nouveau à la porte du petit café, il dit craintivement :

— Monsieur Rezek, excusez-moi, mais je ne peux vraiment pas. Ma mère, vous le savez bien, m'attend tous les soirs. Et elle s'inquiéterait si je ne rentrais pas à présent. Elle est ainsi faite. Excusez-moi...

L'étudiant lui coupa la parole :

— En ce cas je vous accompagne.

Il ne semblait plus du tout avoir froid. Et ils se dirigèrent vers la Mala Strana. En silence. Lorsqu'ils passèrent à côté de l'agent de police, le bossu remarqua qu'un regard méfiant accompagnait Rezek. Il leva les yeux ; mais l'étudiant avait déjà détourné la tête et crachait avec indifférence de l'autre côté, en paraissant surtout préoccupé d'atteindre une borne en pierre.

Bohusch réfléchit ; il sentait une parenté entre les belles pensées qui lui étaient venues cet après-midi au *National*, et ce que Rezek venait de dire et ce qu'il allait dire encore. C'était la première fois que ce sentiment le surprenait, bien qu'il rencontrât souvent l'étudiant ; il l'avait toujours cru bête. Pourquoi ? Peut-être parce qu'il se taisait d'habitude. C'était pour la même raison, sans doute, qu'on le tenait, lui aussi, Bohusch, pour faible d'esprit. Mais combien le visage maigre et laid de l'étudiant était devenu beau, cependant qu'il avait proféré ses paroles enthousiastes ! Tout ce qui, dans ses traits et ses gestes, semblait carré et massif, prenait un accent qui l'élevait vers le sublime ; il devenait sévère, autoritaire, absolu. Ce grand jeune homme qui avait grandi trop vite, qui était mal nourri et mal vêtu, avait soudain pris, aux yeux de Bohusch, quelque chose d'élémentaire et d'éternel, et tandis qu'il marchait ainsi, à côté du bossu, celui-ci ne cessait de sentir que ce jour était pour lui particulièrement important et qu'il devait en retenir la date : samedi, le 17 avril. Cette conviction grandit en lui, mais en quelque sorte à l'arrière-plan de son âme, tandis qu'au premier plan son propre moi s'inclinait et disait à Bohusch : « Non, je n'admets pas cela, je m'y oppose expressément. Tu n'as pas le droit, mon cher, de garder pour toi tous les trésors que je te donne, à toi, Bohusch. Allons, montre-les. Parle. Les hommes doivent savoir que je suis riche. Je sais ce que tu veux dire. Tu es laid. Mais commence par parler. Parler embellit. Tu viens toi-même de t'en apercevoir. Promets-le-moi. » Et le pauvre Bohusch se donna à lui-même sa parole d'honneur qu'il parlerait. Et Bohusch voulait déjà commencer, lorsque l'étudiant s'arrêta à côté de lui, et, du doigt, montra quelque chose, par-delà la Moldau, sur les hautes et sombres vagues de laquelle des lumières perdues flottaient.

— Regardez, là-bas, le Vyscherad, le vieux château de famille des Libuscha, et là-bas le Hradschin et, derrière nous, l'église de Teyn, tous ces sanctuaires. Si ces messieurs fuient vers le passé, comme ils disent toujours, pourquoi pas vers ce passé ? Pourquoi nous parlent-ils toujours de l'Orient et des croisades et de l'obscur Moyen Age ? C'est affaire d'esthétique, disent-ils. Non, dis-je, c'est affaire de cœur. Ce n'est pas par hasard que les touchent seulement les choses éloignées et que les choses proches, familières, ne les émeuvent jamais. Ils sont tout simplement des étrangers. Et le peuple cultive avec inquiétude sa vieille tradition maladroite, qui, malgré tous les soins, de petit-fils en petit-fils, se fait de plus en plus pâle, de sorte qu'il connaît à peine encore les richesses vivantes de son pays. Sans doute serait-ce trop humiliant pour ces messieurs de conduire ce peuple devant son héritage sacré et de lui dire, en paroles neuves et claires, la grande valeur et la dignité sacrée de cet héritage.

Les yeux fixes, Bohusch regardait les pierres du trottoir, et il dit, comme en se forçant, doucement, et interrompu sans cesse par une toux légère :

— Vous avez raison, Rezek, vous avez parfaitement raison. Je ne comprends pas très bien tout cela ; car ce n'est pas tout à fait aussi simple que dans vos paroles. Mais vous avez raison. J'ai quelquefois pensé comme vous. Pourquoi peint-on ceci, et non cela ? Pourquoi écrit-on ainsi, et pas autrement ? Et cependant, si vous me permettez d'en faire la remarque, il importe en somme peu que les poètes ne nous disent rien du Hradschin et du Teyn. Je crois — voyez-vous — connaître ma petite mère Prague jusqu'au cœur, et cela sans qu'aucun poète m'en ait jamais rien dit. Il suffit de grandir au milieu de ces églises et de ces palais. Dieu sait qu'ils n'ont besoin d'aucun intercesseur, qu'ils parlent eux-mêmes. Il suffit de vouloir les entendre. Ah, que d'histoires ils savent ! Mon cher, je veux un jour vous en raconter quelques-unes, oui. Ou, mieux encore, il faut que vous entendiez ma mère les raconter.

Rezek eut un mouvement d'impatience. Bohusch le remarqua aussitôt et s'interrompit un instant, puis :

— Excusez-moi. Je ne voulais dire que ceci

encore… Oui, c'est bien dommage pour le Hradschin, mais aussi pour ce qui n'est pas du passé. Les rues, là, et ces hommes, et surtout les champs derrière la ville et les hommes, là-bas. Vous n'avez sûrement pas encore vu cela : vous savez, un champ sans fin, triste et gris, et le soir est derrière. Et rien que quelques arbres et quelques hommes ; et les arbres sont penchés et les hommes aussi. Ou bien une de ces carrières comme celles qui sont là dehors, au-delà de Smichow. D'un monticule triste et nu, les cailloux roulent dans la gravière. Et le bruit qu'ils font c'est une chanson aussi. Et en bas, des hommes, toute la journée, taillent des pierres grises et en font de beaux petits cubes lisses et ne voient qu'un soleil troublé à travers leurs lunettes d'écaille. Et les plus jeunes d'entre eux s'oublient 0uelquefois et commencent à chanter doucement. Oh ! pas de chanson gaillarde et joyeuse, mais une chanson quelconque qui suit la cadence de leur travail, par exemple *Kde domov muy* ou quelque chose de semblable. Et tous alors d'écouter. Mais cela ne dure pas longtemps. Le jeune se rappelle bientôt que la poussière de gravier est trop irritante pour les poumons, et le voilà qui se tait… Mais pardonnez-moi… — le petit, comme embarrassé, regarda autour de lui, se ressaisit lorsqu'il vit que l'œil de l'étudiant était posé sur lui, grave et attentif, il éprouva cela comme une victoire et poursuivit avec plus d'assurance :

— Je voulais encore dire ceci : pourquoi ne peignent-ils donc pas cela, pourquoi n'en font-ils pas des poèmes ? Puisque c'est tchèque, puisque c'est triste...

Rezek hocha la tête et dit :

— Croyez-vous que le peuple soit très triste ?

Bohusch réfléchit.

— C'est vrai, fit-il, que je connais si peu de choses, je ne vais jamais très loin d'ici. Mais je le crois néanmoins...

— Pourquoi ?

— Pourquoi, demandez-vous ? Mon Dieu, c'est à moi que vous demandez cela ? Les parents sont tristes et les enfants le sont aussi et le demeurent. A peine savent-ils marcher qu'ils voient déjà devant leur porte le triste Jean Népomucène qui tient le Crucifié dans ses bras, et le vieux saule au bord de l'étang du village, et les héliotropes dans le jardinet qui se fanent si vite sous un soleil paisible. Est-ce que cela rend gai ? Et puis ils apprennent de très bonne heure à haïr. Les Allemands sont partout et il faut haïr les Allemands. Je vous le demande, pourquoi cela ? La haine attriste. Que les Allemands fassent ce qu'ils voudront ; ils ne comprennent quand même pas notre pays et ne pourront donc jamais nous le prendre. Sur nos frontières il y a peut-être de grandes forêts, ou de hautes montagnes où les Allemands se sont installés, n'est-ce pas ? Mais ces forêts et ces montagnes ne font qu'encadrer notre pays. Ce qui est dedans, tous les champs, les prés, les fleuves, voilà notre patrie, tout cela nous appartient comme nous lui appartenons.

— En esclaves, fit Rezek, méprisant.

— Ne dites pas cela, je vous en prie. Non, pas en esclaves, en enfants... En enfants peut-être pas tout à fait reconnus, pas autorisés à hériter, pour l'instant tout au moins. Mais pourtant en enfants authentiques et naturels. Vous devez le sentir. Vous dites vous-même : le peuple est encore très jeune et très sain ; il sera donc fort et ne se rendra pas. Il est possible que l'un ou l'autre porte des chaînes — aujourd'hui. Cela passe. Je sais que l'un de nos aînés a écrit des *Chansons d'esclaves.* Il a eu tort. Aucun honnête homme de notre peuple ne fera de bruit avec des chaînes. Sûrement pas. Même en marchant il les soulève avec précaution, pour que la chère terre ne sente rien de sa détresse... C'est ainsi qu'agissent chez nous les hommes sincères.

Ils venaient d'arriver à l'entrée de la rue du Pont, se frayèrent un chemin à travers la foule plus serrée des passants et prirent vite la première ruelle transversale. A la lueur de la lanterne suivante l'étudiant considéra son compagnon avec un étonnement non dissimulé ; il hocha la tête, sembla broyer quelque chose entre ses lèvres et dit :

— Vous êtes un orateur, Bohusch.

— Oh, fit le petit homme, et son visage parut tout à coup semblable à celui d'un enfant à qui l'on vient de faire un cadeau.

— Non, sérieusement, mais laissez-moi vous dire, ce que vous avez dit des Allemands... Si vous êtes raisonnable, peut-être le peuple aura-t-il un jour besoin de vous.

— Quoi ? fit Bohusch, et il voulut rire de gêne et de timidité.

Mais Rezek, les lèvres serrées, le considérait gravement et en silence. Le bossu éprouva soudain une confuse angoisse. Il se rapprocha de l'étudiant et chuchota :

— Je suppose seulement qu'il doit en être ainsi. Peut-être en est-il tout différemment. Je ne saurais naturellement pas vous le dire avec certitude. Ne m'en veuillez pas, monsieur Rezek.

Et soudain, tout contrit, il se lamenta :

— Voyez-vous, je suis un pauvre diable. Si vous saviez comme je suis à plaindre ; le matin je fais des copies à la rédaction, et le soir je suis auprès de ma vieille mère qui ne voit presque plus. C'est ainsi que se passent mes journées. Et le dimanche, lorsque je vois ma Frantichka, savez-vous où nous allons ? Au cimetière Malvasinka. Là où sont, côte à côte, toutes ces croix vertes qui se ressemblent. Il n'y a que des enfants dans cette partie du cimetière, et sur d'étroits écriteaux en fer blanc on peut lire un prénom quelconque : « Le petit Karel » ou « la petite Marie » et en dessous, une prière. Et c'est là que nous passons notre dimanche. « Nous sommes seuls ici, Milatchkou », dit ma Frantichka. « Oui, Frantichka, dis-je, nous sommes seuls ici. » Et je sais cependant que nous sommes entourés de morts. Mais qu'importe ! Il y a toujours quelque chose entre nous et eux, tantôt le printemps, tantôt la neige. Oui, reprit-il, je suis un pauvre diable.

— Allons, allons, le consola Rezek, et ils étaient déjà arrivés devant la maison où Bohusch partageait deux mansardes avec sa vieille mère.

L'étudiant semblait avoir hâte de repartir.

— Vous ne m'en voulez pas, monsieur Rezek ? pria encore le bossu.

— Mais je n'ai aucune raison de vous en vouloir, répondit celui-ci d'une voix brusque. Bonsoir. Je vous verrai demain au café, n'est-ce pas ?

— Oui, demain, bien que le dimanche, ce soit le jour où Frantichka... oui, bonne nuit.

Rezek qui avait déjà fait quelques pas se retourna subitement. Il posa sa main mobile sur l'épaule du petit et ajouta sans accent particulier :

— Au fait, vous avez piqué ma curiosité, Bohusch, par votre histoire de cave, oui, cela m'intrigue. Ne voulez-vous pas un jour m'emmener dans votre cave ?

— La cave ?

— Oui, vous savez bien, ce trou.

— Oh, mais certainement, si vous voulez.

— Bien, et quand ?

— Quand vous voudrez.

— Demain matin ?

— Demain matin.

Et ils convinrent d'une heure.

3.

Personne n'avait aperçu Bohusch qui, ce dimanche matin, conduisait un visiteur matinal dans la cave de la vieille et sombre maison de la rue Saint-Jérôme. Tous deux étaient descendus avec autant de précautions que s'il s'était agi de ne pas réveiller un dormeur. Ils avaient débarrassé le bois, puis l'étranger, qui était très silencieux, avait pénétré dans le couloir secret. Le bossu était debout et le regardait s'éloigner. Durant un moment encore l'ouverture demeura éclairée, puis les bandes de lumière s'effacèrent aux angles des parois, quelques reflets voltigèrent dans l'espace sombre, se heurtèrent des ailes aux murailles et tombèrent dans l'obscurité sans bornes. Bohusch prêta l'oreille. Les pas résonnaient, de plus en plus lointains. Il eut tout à coup peur. Il pensa : « Pourquoi fait-il cela ? » Enfin il n'entendit plus rien et commença d'appeler. Ses paroles avaient un son étrange ; elles portaient les battements de son cœur qu'il sentait jusqu'à la gorge, et qui devenaient de plus en plus agités et véhéments.

— Prenez garde, Rezek. Rezek, n'allez pas plus loin. Que faites-vous donc ? Ne continuez pas. Ici, ici. M'entendez-vous ? Jésus Maria, où êtes-vous donc ? Ne commettez pas d'imprudence, on ne peut pas savoir…

Soudain la pleine lumière de la lanterne tomba sur lui. C'était si inattendu que le petit ne perdit pas aussitôt les signes de sa peur et que dans son trouble essoufflé il prit un aspect presque drôle. Rezek, d'un bond, l'avait rejoint, mais semblait à peine se soucier de sa présence. Un certain contentement luisait dans ses yeux sombres, mais s'éteignit vite, pour faire place à cette expression fermée et sévère qui pétrifiait chaque trait de sa physionomie.

— Eh bien ? prononça enfin Bohusch, et il reprit la lanterne de la main de l'autre, pour avoir la lumière très près de lui et s'en assurer mieux.

L'étudiant lui sembla tout à coup très sot, presque comique, et lorsqu'il remarqua en outre que dans sa peur il avait tout le temps regardé à l'opposé de l'endroit où s'ouvrait le couloir, sa terreur s'évanouit, fondit en quelque sorte et il éclata d'un rire métallique et interminable. Il était disposé maintenant à tout prendre en riant, et cela l'amusait de voir l'étudiant entasser à nouveau le bois devant l'entrée secrète, avec des gestes pleins d'une dignité prudente. En remontant il invita Rezek à entrer pendant quelques instants chez lui. Sa mère, dit-il, devait être certainement chez elle, et Rezek ne regretterait pas d'entendre quelques belles histoires et de prendre peut-être un petit verre de *gilka* (car il possédait de tels trésors, le pauvre Bohusch).

Mais l'étudiant s'excusa brièvement : il avait affaire et reviendrait une autre fois. Ce qu'il avait vu l'avait vivement intéressé et il en remerciait beaucoup Bohusch.

Celui-ci était très déçu ; il eût tant aimé maintenant à parler. Mais Rezek ne se laissa pas convaincre. Il salua d'un geste pressé et, en descendant, entendit encore le bossu qui à grandes enjambées pataugeantes remontait et, arrivé au premier étage, criait à quelque voisin un « bonjour » sonore. L'étudiant remonta d'un pas rapide la rue du Pont. Au milieu des promeneurs, sa hâte surprenait, et sa silhouette noire et élancée paraissait avancer en s'appuyant sur le flot clair et nonchalant de cette foule qui se dirigeait vers l'église Saint-Nicolas.

De cette foule du dimanche, un peu plus tard, émergea aussi la figure misérable du roi Bohusch.

Dans ces parages la plupart le connaissaient, et aussi ce surnom qu'on lui avait donné, Dieu sait pourquoi, dès l'école. Et il arrivait que des gamins insolents lui criassent ce surnom, d'autant plus que dans sa redingote du dimanche sa bosse était encore plus laide et plus apparente. Mais le bossu, sans se laisser troubler, marcha pendant quelque temps dans la foule, puis retourna sur ses pas et revint, toujours souriant, vers la ville ancienne. Il voulait rencontrer quelqu'un, il se sentait disposé à expliquer à n'importe qui que la vie, malgré ses défauts, avait cependant du bon, que les Tchèques étaient un peuple patriote et admirable, et Prague une ville... — (regardez seulement ce Rudolfinum, dirait-il) — une ville qui n'avait pas son égale au monde. Il avait le plus de chances de rencontrer quelqu'un dans la rue Ferdinand et sur le Boulevard, sur les larges trottoirs duquel tout le Prague moderne passe l'après-midi du dimanche, et il alla dans cette direction dans l'espoir d'apercevoir quelqu'un, ne fût-ce que Machal ou Patek.

A peine avait-il pensé à ce dernier qu'il le reconnut. L'écrivain mondain marchait à quelques pas devant lui. Il portait un nouveau costume gris clair sous lequel il abritait sans doute son printemps un peu inquiet, et le pli du pantalon, que ses pas ne dérangeaient point, se prolongeait jusqu'aux escarpins vernis qu'il mettait en valeur avec beaucoup de grâce. Lorsque Bohusch le rejoignit et l'aborda, Patek porta une main négligente et gantée (café au lait 6 3/4) au rebord de son chapeau bas, et ne parut pas très disposé à engager une conversation. Mais Bohusch était si heureux d'avoir trouvé quelqu'un qu'il oublia sa timidité et, sans attendre une invitation, accompagna l'écrivain. Patek laissait de temps à autre tomber une parole sur son petit compagnon, c'est-à-dire qu'il la perdait, sans se soucier que le bossu recueillît ou non ces précieux fragments. En revanche celui-ci parlait sans arrêt, et ne se reposait de temps en temps que par un rire bruyant. Tout lui était prétexte à paroles. Ses plaisanteries, qui n'étaient pas toujours fort heureuses, attiraient l'attention à gauche et à droite ou irritaient, et l'élégant jeune homme, qui distribuait de tous côtés des saluts nombreux, se sentait assez honteux de la compagnie de ce « prolétaire manqué », comme il avait coutume d'appeler Bohusch. Aussi, au premier carrefour venu, fit-il semblant de reconnaître un ami de l'autre côté de la rue, cligna des yeux, murmura quelques paroles indistinctes, et s'en fut avant que Bohusch se fût aperçu de rien. Le bossu poursuivit d'abord sa route, s'arrêta après une dizaine de pas, chercha dans la foule la silhouette du fuyard, et vit que Patek était seul. Alors le rire s'éteignit sur sa large face ; il lança une injure à quelqu'un qui, en passant, venait de le frôler, puis de ses épaules tranchantes il s'enfonça dans une rue latérale où il n'y avait ni soleil ni hommes. Des larmes sourdaient de ses yeux. Un instant il pensa à rejoindre Schileder dans son atelier. Il y était toujours toléré. Même lorsque le peintre était occupé, il pouvait s'asseoir avec un album quelconque dans un angle accueillant de la grande pièce et, pendant des heures, pouvait regarder des images et promener ses regards le long des hautes corniches sur lesquelles les objets les plus hétéroclites s'accordaient sous le voile épais d'une poussière qui s'était accumulée pendant des années. Il avait souvent passé là des heures entières, sans que personne prêtât attention à sa présence, et lorsqu'il trouvait quelque part un morceau de velours ou d'une soie bariolée et luisante de tous ses plis, il ne la perdait plus de vue et le peintre lui en faisait volontiers cadeau. Alors il grimpait son escalier quatre à quatre, torturé par l'impatience de se mirer dans la glace vêtu de ce bout d'étoffe. Oui, le pauvre Bohusch voyait dans sa redingote noire, qui était en effet bien vieille, un vêtement du dimanche tout à fait insuffisant, et, tout enfant déjà, il rêvait de pouvoir aller parmi les hommes en des atours extraordinaires et magnifiques. N'avait-il pas servi la messe, au temps qu'il allait à l'école, à seule fin de pouvoir porter le surplis rouge ? Et de même il eût voulu être soldat, pour l'amour de l'uniforme. Tout cela était passé depuis longtemps, et il ne pouvait plus espérer endosser jamais, même à l'occasion de la plus grande fête, autre chose que cette vieille redingote usée et noire, à moins que Frantichka ne se décidât malgré tout encore à l'épouser. Pour une telle fête il se déciderait certainement à se faire tailler un habit neuf et il le ferait même garnir d'un large col de velours. La veste brodée de son père que Bohusch se ferait recouper était tenue en réserve pour ce grand jour. Il ne s'agissait pas de dépenser de l'argent inutilement. Mais ce temps viendrait-il jamais ?... Dimanche dernier, Bohusch avait vainement attendu son amie. Et si aujourd'hui encore elle allait manquer au rendez-vous ?

Dans les cimetières pauvres où nul monument de marbre n'est décoré par la main habile de jardiniers artistes, voici comment les choses se passent : le printemps dans son innocence entre, et le cliquetis du portail rouillé est le dernier bruit qu'il entend. Il ne soupçonne pas où il se trouve. Mais il se plaît entre ces murs tranquilles, au-delà desquels la vie continue, et auprès de ces petits anges en terre cuite luisante, qui ont joint les mains et lui adressent leurs prières. Qui d'autre prieraient-ils ? De même pour les jeunes vents timides il n'y a pas de meilleur appui qu'une de ces croix le long desquelles, lorsqu'ils sont assez grands, ils peuvent s'étirer autant qu'il leur plaît. Et comme il s'y trouve malgré tout bien, le printemps, ici, grandit plus vite qu'ailleurs. La petite stature de Bohusch en tout cas se perdait véritablement dans la foule animée des primevères et des anémones, et au-dessus de lui le vent guettait dans chaque arbre qui avait des fleurs avant d'avoir des feuilles, et lui envoyait de temps en temps une fleur sur les genoux, et balançait si malicieusement ses branches gracieuses qu'il semblait que, d'un instant à l'autre, il voulût couvrir de fleurs le visiteur solitaire. Mais le bossu n'était pas disposé à comprendre. Il détachait les pétales de ses manches noires et regardait par-delà le soleil, dans un autre, dans un tout autre jour. Cela se passait aussi dans un cimetière, il y avait environ trois ans. Quelques personnes vêtues de noir étaient debout autour d'une tombe ouverte. Les hommes, qui portaient avec une sorte d'élégance cavalière leurs grandes barbes ou leurs visages rasés, avaient autour des lèvres ces plis qui sont censés signifier la tristesse ou l'émotion ; les femmes, beaucoup moins importantes, tenant des mouchoirs, et, au centre de ce groupe austère, une petite femme désolée, à cheveux blancs. Elle était en proie à une douleur qui avait pris possession d'elle, qui l'avait complètement subjuguée. Chaque tressaillement de sa pauvre figure, chaque plainte suppliante de sa voix étouffée appartenait à cette douleur. Aussi avait-elle oublié tout ce qui l'entourait, même son fils, le pauvre Bohusch. Il était très étonné. Jamais il n'avait vu sa mère en un tel état. Lui-même n'était pas particulièrement touché. Il se demandait seulement comment son père avait pu trouver place dans ce cercueil. La boîte n'était pas très grande, et sans doute devait-il être couché comme cela : Bohusch se représentait son père, les genoux un peu pliés, et il songeait que, si le mort avait un jour l'idée inouïe d'allonger les jambes, la caisse jaune céderait immanquablement, en haut et en bas. Occupé par de telles pensées, il attendait tranquillement que la compagnie se décidât à reprendre le chemin de la maison. Mais lorsque sa mère, secouée de sanglots, continua à ne pas vouloir le reconnaître, il commença de prendre peur. Il ne pouvait pas comprendre que la petite vieille qui durant les quarante ans de son mariage, les deux premiers exceptés, n'avait jamais pleuré, par crainte de son mari qui ne supportait pas les scènes, épuisait toutes les larmes épargnées durant ces années, pleurait une année après l'autre avec la douce jouissance d'un soulagement. Et quarante années ne se pleurent pas en un tournemain. Éperdu, Bohusch regardait de l'un à l'autre. Ils passaient tous à côté de lui, les amis et compagnons du défunt, et les plus délicats lui serraient la main en silence, ce qui faisait déborder les larmes de la femme qui suivait chacun d'eux, et le valet de chambre anglais de Son Altesse dit même, dans l'allemand correct des étrangers : « Il n'était pas du tout âgé, votre père. » Il voulait rappeler par là que le portier défunt avait deux années de plus que lui, valet de chambre anglais de Son Altesse. Ces poignées de main avaient rendu Bohusch de plus en plus inquiet ; à présent seulement il commençait à comprendre que quelque chose d'exceptionnel devait s'être passé, et effrayé par la raide solennité de ces hommes, il resta quelques pas en arrière du cortège. Alors il sentit tout à coup deux bras descendre jusqu'à lui, et lorsqu'il leva les yeux, une jeune femme blonde l'avait embrassé au milieu du front. Il sentit qu'elle avait des lèvres fraîches et, ce qui lui plaisait encore plus, elle ne pleurait pas. Elle n'avait que des yeux infiniment tristes. Mais lorsque le bossu trouva son regard, il dut penser à une forêt sombre. A rien de terrible, mais à une forêt sombre, où d'ailleurs on pourrait demeurer. Aussi aima-t-il aussitôt ces yeux tristes, les yeux tristes de sa Frantichka. D'ailleurs, personne ne connaissait cette femme, et personne dans le cortège funéraire ne savait alors son nom ; elle l'avait simplement suivi. Au portail du cimetière se trouvaient deux mendiantes, qui tenaient des rosaires dans leurs doigts fanés. Elles en étaient au dix-septième « Je te salue, Marie » ; lorsque Bohusch passa avec sa nouvelle amie, la main dans la main, elles interrompirent leur prière et l'une d'entre elles dit en ricanant :

— Celle-là, qui marche avec le bossu, était la bonne amie du défunt.

Et leur ricanement chuchotant se perdit peu à peu dans le dix-huitième « Je te salue, Marie ». Mais Bohusch n'avait rien entendu. Il continua à rencontrer la jeune femme blonde, et lorsqu'elle lui caressa de nouveau le front en disant : « Tu es un brave, brave garçon », il baisa sa main et son cœur battit plus vite. Il avait senti un frisson glacé lui parcourir le dos et tout éclater dans sa tête avec fracas, il avait serré les mains à crier de douleur, et au lieu de crier il avait chuchoté :

— Tu es ma bien-aimée, n'est-ce pas ?

Et alors elle avait ri, ri à voix haute, et approuvé de la tête, ses yeux étaient pleins de cette chère tristesse. Mais il y avait longtemps de cela, et Bohusch, qui était assis maintenant sous l'arbre fleuri du cimetière de Malvasinka, aurait volontiers posé de nouveau la même question à Frantichka. Mais au lieu de cela, il regardait fixement dans le visage rouge du soir, et il pensait : « A présent elle ne viendra plus. » Il n'y avait plus en lui le moindre espoir, mais malgré tout il restait assis entre les tertres et les tombes, retenu par le désir obscur de pouvoir demeurer ici avec les mêmes droits que ses nombreux voisins. Que fallait-il faire pour cela ? Mon Dieu, ses yeux n'avaient qu'à abandonner ces tours, ces toits, cette pente doucement dénouée, à prendre congé du ciel, de la première étoile du soir, et quelque chose qui était profondément enfoui en lui prendrait encore une fois haleine et dirait « Frantichka » et puis jamais plus. Ce serait tout. Était-ce donc si difficile ? Il fallait que ce fût difficile, car Bohusch se leva et descendit le chemin sillonné d'ornières, jusqu'à la grande rue. Un brouillard gris et scintillant se déposait là, et tenait pour ainsi dire les flammes du gaz prisonnières dans l'air, de sorte qu'elles ne pouvaient plus dispenser leur lumière sur les groupes serrés de promeneurs fatigués qui, à deux pas en avant du solitaire, surgissaient de l'insondable, pareils à des groupes de fantômes, pour s'enfoncer aussitôt derrière lui dans le néant. Et si Bohusch, suivant son instinct le plus profond, avait continué de marcher sans lever les yeux, il serait certainement tombé dans la Moldau qui était agitée par la débâcle, ainsi qu'un cheval fatigué trouve le chemin de son écurie, sans ouvrir les yeux. Mais Bohusch leva la tête. Le brouillard autour de lui commença de parler en sons de plus en plus puissants, et toutes les tours dont il avait voulu prendre congé élevèrent leurs voix solennelles d'*Ave*. Ce fut comme si, au-dessus des toits, derrière les plis opaques de la brume, on ne savait quelle grande fête avait lieu, et l'âme du bossu fut soudain élevée, et avant qu'il eût pu la retenir, elle se fondit dans la jubilation mystique du ciel. Et le pauvre Bohusch était là, et assistait à son essor.

Il se rappela que dans huit jours c'était le dimanche de Pâques, et une telle joie l'envahit à cette pensée qu'il entra en souriant chez sa vieille mère, et durant tout le soir sut raconter des choses si drôles que celle-ci ne pouvait se tenir de rire. Qu'importait que Bohusch rêvât plus tard qu'il se mariait avec Frantichka ? Il vit tout, jusque dans les moindres détails, jusqu'aux boucles d'oreilles garnies de grenats qui, pareilles à des gouttes de sang, luisaient aux oreilles de sa fiancée. Et tout se passa bien. Le mariage eut lieu dans la grande nef de l'église Saint-Nicolas et Bohusch reconnut même le prêtre. Jusque-là, tout était normal et avait lieu comme en plein jour. Mais subitement tout devenait étrange. Une jeune, oh ! une très jeune fille étreignait la mariée qui était agenouillée devant l'autel et criait :

— Je ne te l'abandonne pas, je l'aime trop.

Elle criait très fort et se démenait follement, bien que l'on se trouvât, s'il vous plaît, dans la grande église de Saint-Nicolas. Il était explicable que le fiancé, qui du reste portait en effet une redingote neuve à col de velours, examinât de près cette jeune fille qui l'aimait tant. Il reconnut Carla, la sœur cadette de Frantichka, qu'il connaissait à peine, et il fut très irrité de ce trouble qu'elle apportait à la cérémonie. Mais lorsqu'il la regarda de plus près encore, il remarqua que cette jeune fille blonde portait un vêtement de nonne, et la joie qu'il éprouva à cette vue fut si aiguë qu'il sursauta et s'éveilla. Quelque temps s'écoula avant que, assis dans son lit, il eût repris pleinement conscience. Puis il compta combien de jours s'écouleraient encore jusqu'au jeudi saint ; et lorsqu'il se fut rendu compte que trois jours seulement l'en séparaient, Bohusch sourit et s'endormit avec ce sourire, sans plus rêver jusqu'au matin.

4.

La place du Palais-Royal à Prague a, malgré l'avenue misérable qui la traverse, assez fière allure. C'est qu'elle est entourée de palais. La large façade du vieux palais royal, avec sa grande cour d'honneur blanche, derrière les grilles baroques de laquelle le factionnaire va et vient, infatigable comme un pendule, est la plus puissante. Le château de famille des princes de Schwarzenberg et un autre édifice un peu ennuyeux se présentent de l'autre côté comme en une perpétuelle révérence, et à la droite du château, le palais de l'archevêque, fraîchement repeint, veille dans une attitude un peu prétentieuse sur les modestes demeures des prélats et des chanoines qui s'approchent timidement de leur puissant patron. D'un côté seulement du château, là où débouchent l'escalier et le raidillon de la rue de l'Éperon, une lacune subsiste en son fond ; on aperçoit, resserré entre la montagne de Saint-Laurent et le Belvédère, en un magnifique panorama, Prague, ce riche, ce gigantesque poème épique de l'architecture. Plein de lumière et de vie, il se déroule devant les yeux du Hradschin, et aux anciennes s'ajoutent dignement des strophes toujours nouvelles, et plus brillantes. A l'autre extrémité de cette rangée de maisons qui sur un côté est limitée par cette claire échappée, est situé un misérable et vieux bâtiment d'un étage, qui jour après jour est là, avec ses mains devant les yeux, et ne veut rien voir de toute cette splendeur. Les enfants des environs passent avec un frisson de crainte devant son austère silence, et, si par hasard on leur a parlé de cette maison, pendant toute la nuit ils ne dorment pas, ou bien ils ont des rêves brûlants dans lesquels des nonnes pâles font des choses étranges. Certes, leur jeune fantaisie peut être éveillée par les Barnabites qui vivent leur mort continuelle et muette derrière ces murs cruels, sans jamais échanger une parole entre elles, et qui ne peuvent même pas s'accorder autant de soleil que l'une pourrait en trouver dans l'œil de l'autre, les Barnabites qui passent leurs nuits agitées par d'anxieuses prières, dans des cercueils de bois où bientôt on les ensevelira sous le carré de terre qui doit être au tréfonds de ces murs sombres, et où certainement ne pénètre jamais aucun printemps. L'ordre des frères barnabites depuis longtemps s'est éteint. Les crânes à demi décomposés des deux derniers compagnons sont restés sur un autel de pierre, dans les catacombes funéraires de Santa Maria della Victoria, et jouissent du repos sans prières de la pourriture. Mais les sœurs sont plus persévérantes dans la souffrance. Lorsque voici quinze ans pour la dernière fois, le repos des gonds rouillés de la porte fut troublé, des voisins à cheveux blancs, des religieuses à la mémoire déjà compromise, prétendirent savoir qu'une huitième nonne avait rejoint les sept qui étaient encore en vie, mais ce n'étaient là que des suppositions assez dépourvues de fondement. En revanche, des gens plus jeunes et aux yeux plus sûrs avaient regardé dans la voiture qui apportait la plus récente victime, et ceux-ci juraient que c'était une toute jeune fille d'une beauté et d'une noblesse indescriptibles, et ils ajoutaient que c'était un péché de laisser se faner cette plénitude de grâce rare dans le plus terrible de tous les cloîtres. Et ils disaient encore bien des choses. Ce bavardage se rapportait aux raisons qui devaient avoir déterminé ce départ prématuré de la vie ; on échafaudait de longues histoires romantiques, des poignards scintillaient dans les feux de Bengale les plus variés et les princes les plus démoniaques de tous les contes de nourrice tiraient de ces hypothèses des chances d'existence. On savait naturellement avec certitude que ce renoncement était motivé par quelque événement bruyant et terrible et l'on oubliait comme toujours que cela pouvait avoir été aussi bien une expérience presque imperceptible, une de ces déceptions profondes et silencieuses qui donnent aux âmes les plus délicates la certitude obscure que les altitudes et les abîmes de la vie sont passés, et qu'il n'y a plus à présent que la vaste plaine avec de petits tombeaux et de dérisoires monticules qu'il est si fatigant de parcourir. La belle enfant fatiguée venait du haut et sombre palais de la rue de l'Éperon qui avait aussi été le lieu des timides jeux d'enfant de Bohusch, et le jour où la voiture fermée conduisit la princesse Aglaja vers sa nouvelle solitude fut, pour lui aussi, qui était alors adolescent, un changement. Cependant il ne pouvait même plus imaginer comment devait être la princesse en ce temps-là ; il portait au-dedans de lui son image des jours où son rire doré voltigeait comme une hirondelle perdue à travers les salles froides et se perdait enfin en dépit de la gouvernante anglaise, raide et terrifiée, dans les lointains libres du parc. C'est là que les deux enfants se rencontraient parfois et bavardaient, riaient ou se poursuivaient comme font les enfants affranchis d'une contrainte : Aglaja, sa gouvernante, et Bohusch, sa muette et fidèle tristesse. Vinrent des années pendant lesquelles le fils du portier ne vit plus la compagne de jeux qui dans l'intervalle était devenue une dame et il arriva qu'ainsi dans son souvenir, il plaça le jour du renoncement d'Aglaja tout à côté des jours joyeux de leur enfance et eut l'impression que le jour le plus brillant pouvait être changé en la nuit la plus sombre, l'été le plus opulent en la journée d'hiver la plus désolée, sans transition. Il était devant un événement dont l'absence d'égards l'effrayait, dont la signification était faite pour lui enlever à jamais la croyance que les riches et les privilégiés étaient en quelque sorte les alliés du destin, qui n'était hostile et haineux qu'à l'égard du pauvre diable. Tout un paquet de préjugés en une seule fois tomba de ses mains, une conception de l'univers, une religion lui était donnée, des germes qui auraient pu mûrir en lui et même hors de lui s'il avait été plus courageux. Mais ce qui eût pu se changer en actes qui croissent librement et solennellement dans un corps fort, chez lui se résolut en rêves multicolores et étranges, en songeries timides qui concernaient un monde plus en plus exigu, et finalement ne furent plus qu'une étroite auréole autour de l'image de la princesse. Sa reconnaissance impuissante orna si longtemps cette image que de l'enfant rieur et chéri une pâle et secrète bien-aimée finit par se dégager, et de la bien-aimée une sainte adorée qui ressemblait beaucoup à la Vierge Marie et n'exista bientôt plus que pour exaucer les étranges vœux de Bohusch et accueillir toutes les étranges vertus que sa fantaisie inlassable ne cessait de lui prêter. Et quel n'était pas l'avantage de Bohusch sur les autres croyants de posséder une sainte qui, bien qu'inaccessible, vivait néanmoins et le reconnaissait pour confident de cette enfance qu'elle avait dû, malgré tout, emporter comme un joyau unique derrière les murs éternels ! Ces rapports ne subirent pas la moindre altération lorsque le bossu appela Frantichka son amie, car en ce temps-là la divinisation d'Aglaja était déjà si avancée que sa forme transfigurée était au-dessus de tous les désirs bas et de tous les rêves troubles. A elle, Bohusch ne se vouait qu'une fois par an, et justement le jeudi saint, parce que ce jour-là l'église du cloître des Barnabites était ouverte à tous les visiteurs. Cette petite église sombre et assez dépourvue d'ornements est fermée derrière le maître-autel par une paroi au-delà de laquelle les nonnes assistaient à l'office. La veille du jour de la Passion, et ce jour seulement, les voix des nonnes filtrent tout doucement à travers la paroi de l'autel et descendent comme une plainte lointaine sur les quelques assistants. Alors la petite assemblée des fidèles de prêter l'oreille, de retenir son haleine, de frissonner ; le prêtre à l'autel interrompt ses prières, les enfants de chœur jettent des regards inquiets vers les angles sombres de la nef, et les images sombres aux murs s'éveillent. La cloche claire de l'élévation rompt le charme. Les images aux murs sont de nouveau mortes, le prêtre se penche sur le calice, et les dévots reculent sur leurs bancs, se mouchent bruyamment et chuchotent :

— C'était bien faible. Sont-elles encore huit ?

Et l'on hausse les épaules, l'on soupire et l'on se mouche.

Il en fut ainsi encore ce jeudi saint. Bohusch était agenouillé au premier rang et attendait que sa sainte appelât. Il n'avait pas oublié le son de sa voix et croyait toujours la reconnaître avec certitude dans le chœur lointain. Il la cueillait, la détachait des autres comme un fil de soie d'une toile pâlie. Il la retenait en quelque sorte et ne laissait parvenir que les autres voix au reste des auditeurs ; mais aujourd'hui, dès le premier son, il sut qu'elle manquait. Et sa crainte avait beau le nier, il savait qu'elle n'était pas là. Et il se penchait en avant, et sa peur guettait et étranglait le moindre son ; mais il était de plus en plus sûr qu'elle manquait ; et enfin, dans une anxiété sans bornes il étendit ses mains en avant, loin, loin, et écouta de la pointe de ses doigts, mais elle n'était pas là. Alors quelque chose cria en lui, en même temps que la clochette de l'office, cria une seule fois, et il s'abattit sur le banc dur comme quelqu'un que son Dieu abandonne.

5

Le peintre Schileder fut le premier qui remarqua une grande transformation en Bohusch. Il pensa rapidement aux causes possibles de ce changement mais ne l'éclaircit pas. Sa femme Mathilde non plus ne pouvait l'expliquer. Ils oublièrent donc cette évolution surprenante jusqu'à certain matin, peu de temps après Pâques, où Patek entra dans l'atelier et dit :

— Quelle impertinence !

Schileder déposa son pinceau et sa palette, considéra son visiteur irrité qui, sans retirer son chapeau, allait et venait dans la pièce.

— Bonjour, que t'arrive-t-il donc ?

Mais l'écrivain dit encore plusieurs fois : « Quelle impertinence ! » puis s'arrêta et voulut, avec beaucoup de précautions, déposer son haut-de-forme impeccable sur une pile de cartons poussiéreux. Tout d'abord il les toucha d'un index ganté qu'il retira aussitôt comme s'il venait de toucher un poêle brûlant. Avec une maladresse touchante il balança son chapeau entre ses deux paumes et jeta au peintre un regard plein de reproche.

— Chez toi tout est couvert de poussière, hésita-t-il, on ne peut même rien déposer.

Enfin, il trouva où s'asseoir et commença de raconter d'une manière assez désordonnée qu'il venait du *National,* qu'on s'y était trouvé dans la compagnie habituelle, et que l'on avait parlé de choses et autres.

— As-tu une cigarette ? s'interrompit-il, et il poursuivit lorsque Schileder l'eut servi.

On avait donc parlé de choses et autres. Et le « prolétaire manqué » avait pris part à la discussion d'une manière si insistante et prétentieuse que lui, Patek, avait jugé qu'il était de son devoir de donner une bonne fois une leçon à cet indiscret.

— N'as-tu pas du cognac ? demanda-t-il à cet instant critique.

D'un trait, il avala le cognac et dit avec une grimace tandis qu'il se redressait à bout de bras et s'approchait de la fenêtre :

— Et sais-tu ce qu'il a osé, cet individu ? Il me réplique. As-tu déjà entendu cela ? Il me réplique. Non pas seulement cela. Il a l'audace de m'offenser.

— Qu'a-t-il donc dit ? s'informa le peintre.

— Je n'en sais rien.

Schileder le regarda d'un air si étonné que Patek, non sans quelque embarras, ajouta vite :

— Crois-tu donc que j'aie le temps de retenir de

telles sottises : que j'avais honte de lui, ou quelque chose d'approchant. Le vrai est qu'il m'offense. Comment ne rougirait-on pas d'un tel personnage ?

Durant quelques instants encore l'écrivain distingué parut indigné, mais bientôt il commença à s'intéresser au travail de Schileder, regarda ceci et cela, en levant prudemment entre le pouce et l'index plusieurs châssis qui étaient tournés contre le mur. Schileder toléra cela avec complaisance et ne fut nullement surpris lorsque le jeune homme prit congé de lui de la meilleure humeur du monde. Patek procédait toujours ainsi. Par une brève scène plus ou moins couronnée de succès, il s'affranchissait d'un quelconque événement désagréable, en finissait complètement, « reprenait le dessus » comme il avait coutume de dire, ce qui n'empêcha pas le grand vainqueur de répéter le même matin encore cinq fois l'histoire de sa discussion avec Bohusch, et sous un jour toujours plus favorable pour lui, de telle sorte que la cinquième version, qui resta dans le boudoir d'une chanteuse d'opérettes modernes, comportait le gracieux exposé d'une philosophie du monde dualiste dont le bon principe était figuré par la silhouette mondaine du conteur. Et dans ce que tout le monde finit par savoir, soit par les récits de Patek soit par d'autres sources, il y avait un fond de vérité : Bohusch était devenu un autre. Sa bien-aimée, sa sainte l'avait quitté. Il remarqua alors qu'il avait tant donné de lui-même à ces figures qu'il n'avait gardé pour lui qu'un tout petit reste. Pendant quelques heures encore, il combattit pour savoir s'il jetterait sans y toucher ce reste dans la Moldau ou si son capital était assez grand encore pour être employé à la banque de la Vie. Pendant qu'il pensait à cela, il se souvint tout à coup de la parole qu'avait prononcée Rezek, et ce souvenir l'emporta. Rezek avait dit ce soir mémorable : « Peut-être le peuple aura-t-il besoin de vous. » Il est vrai que Rezek avait ajouté : « Si vous êtes raisonnable. » Et qu'il fût à présent plus raisonnable que naguère, de cela Bohusch aurait voulu jurer. Il pensait beaucoup et disait à toute occasion ce qu'il pensait en phrases compliquées et aux tournures désuètes, et il était chaque fois lui-même son auditeur le plus attentif. Très rarement seulement, comme par oubli de sa promesse, il était timide et silencieux. Il avait peur de lui-même en de tels instants où l'ancien Bohusch avec ses songeries dorées était devant lui comme un fantôme et le priait de revenir dans la silencieuse tristesse de ses jours passés. Mais le nouveau Bohusch résistait. Tout le jour il était au café, dans la rue, chantait, sifflait et riait, au point que les gens se retournaient pour le suivre des yeux, ou bien il était debout devant les vitrines, sans voir autre chose que le reflet instable de sa propre laideur, et il était pareil à quelqu'un qui attend ce qui n'arrive pas tous les jours. Presque instinctivement, il cherchait avant tout à rencontrer Rezek. Il lui semblait qu'il apprendrait par la bouche de l'étudiant ce qui serait pour lui « l'Événement », mais nulle part il ne pouvait plus le trouver. Rezek avait quitté sa chambre sans laisser d'adresse et nul ne l'avait plus vu au *National*.

— Un homme étrange, dit un jour Norinski.

Schileder approuva de la tête, mais le nouveau Bohusch railla :

— Il est bête, et il éclata de son vieux rire misérable auquel personne ni fit écho.

Le soir du même jour l'étrange se produisit. Bohusch, qui négligeait de plus en plus sa vieille mère, rentrait plus tard que d'habitude. Il monta quelques marches en tenant à la main une allumette brûlante. Son regard explorait l'obscurité épaisse du corridor anguleux. Il lui sembla tout à coup que la porte de la cave n'était pas bien fermée ; il s'approcha en tâtonnant, l'ouvrit avec précaution et descendit, étrangement résolu, les marches familières de l'escalier. Sa figure se perdit tout à fait dans l'obscurité humide au fond de laquelle il percevait des sons étranges et lointains. Ce n'est que lorsque, s'étant glissé le long du mur froid, il découvrit que l'on avait déplacé le bois et qu'une faible lueur venait du couloir secret, qu'il prit peur. Mais un sentiment plus puissant le força à s'approcher davantage. Il écouta d'abord les voix qui résonnaient de l'autre côté, et comme il ne pouvait rien comprendre, il s'avança en un mouvement involontaire dont l'adresse le surprit dans l'ouverture, tout juste assez loin pour en remplir le cadre, sans s'aventurer au-delà. Tout d'abord il distingua une grande lanterne qui répandait une lumière saturée sur les carreaux et semblait couler comme un liquide répandu. Autour de cette flaque de lumière les pieds de jeunes hommes étaient visibles, et au milieu de leur cercle les pieds d'une jeune fille. Lentement le regard de Bohusch monta le long de celle-ci et trouva dans la pénombre, sur une robe d'une couleur indistincte, deux claires et vivantes mains de jeune fille dont les gestes vifs venaient en aide à ces paroles que Bohusch ne comprenait toujours pas encore. Mais il comprenait les mains. Il comprenait tout à coup que ces mains agitées ébranlaient quelque chose, qu'elles voulaient supprimer il ne savait quelle injustice avec leur jeune et sainte violence. Et il commença d'aimer ces mains. Doucement, il leva la tête et chercha le visage de la jeune fille à qui appartenaient ces mains. Ses yeux engagèrent un combat rapide et persévérant avec les ombres jalouses qui sans cesse effaçaient les traits à peine entrevus, jusqu'à ce qu'il triomphât, enfin. Il reconnut Carla. Et il restait à présent, et son regard étonné et chargé d'admiration n'abandonnait plus le beau visage enthousiaste de la jeune fille ; il buvait les paroles qui venaient de ses lèvres jusqu'à ce qu'elles trouvassent leur son particulier pour lui : « Je l'aime tant, je l'aime tant... » Tout cela s'était passé en un clin d'œil. Et les minutes suivantes apportèrent ceci : la jeune fille parla de plus en plus doucement, comme quelqu'un qui s'éloigne de plus en plus ; les paroles qui tout à l'heure coulaient de ses lèvres, si bariolées et si fières, se traînaient, nues et sans but, dans l'obscurité, avaient honte, et ses yeux vides restaient accrochés quelque part, en bas, et s'éteignaient peu à peu. Il y eut un mouvement dans l'assemblée. Les regards des auditeurs suivirent les siens et durant une seconde le grand œil fixe de Bohusch les tint tous prisonniers. La durée d'une seconde seulement, car subitement une terreur les saisit, ils se révoltèrent comme des esclaves rebelles, la foule s'enfuit avec un chuchotement troublé et de violents jurons dans la profondeur du couloir, et la lumière sauta au visage de Bohusch comme un chat jaune. Il se réveilla et frémit.

— Rezek ! cria-t-il.

Celui-ci était penché sur Bohusch.

— Bohusch, chien, tu nous espionnes ! cria celui-ci.

Bohusch tourna les yeux. Il avait peur de l'étudiant.

— Alors, tu nous espionnes, dit celui-ci.

— Rezek ! hurla le bossu, plus fort encore que l'autre, du fond de sa peur.

Il ne trouvait pas autre chose que ce nom. En même temps sa position dans ce trou étroit lui faisait mal et il se sentit près d'éclater en larmes, de désespoir. L'étudiant alors l'aida à se redresser, et aussitôt il regretta sa faiblesse, pensa à ses projets et dit avec un air de supériorité très peu réussi :

— Je sais tout.

Ce disant, il pensait aux deux mains irritées de la jeune fille.

— Tu as donc écouté, menaça de nouveau l'étudiant.

Bohusch ne l'affronta pas sans crainte :

— Rezek, dit-il, voyons, Rezek, ne soyez pas ainsi. Ne suis-je pas des vôtres ? Je suis avec vous, de tout cœur avec vous.

L'étudiant pendant quelque temps le considéra avec une attention impitoyable, et le bossu se sentit désarmé par ce regard pénétrant qui cherchait à percer ses pensées. Il répéta encore avant de trouver mieux :

— Sans moi, l'auriez-vous jamais trouvée ?

Il voulait parler de la cave.

— Je savais bien, poursuivit-il, que vous en aviez besoin, et aussi pourquoi, appuya-t-il malicieusement.

L'étudiant se laissa convaincre, il dit, subitement résolu :

— Ta main, et silence.

Avec un certain orgueil le bossu posa ses doigts courts dans la main du fanatique ; sa poignée de main n'approuvait, n'accordait rien. Il se savait le vainqueur et il commença à poser ses conditions. Il le prit de haut : il voulait parler au milieu d'eux ; là, en bas, pour le peuple et la liberté. Oh ! il avait des projets très importants. Mais Rezek devait lui donner l'assurance qu'il pourrait parler.

— Oui, répondit l'étudiant, et il insista encore une fois : Silence.

Bohusch approuva avec indifférence et demanda encore :

— Alors, c'est bien certain, je pourrai parler ?

L'autre le promit et poussa Bohusch vers la porte. Il ne craignait pas beaucoup l'infirme qui l'ennuyait surtout, et encore moins attendait-il quelque chose de lui. Du bas de l'escalier il le rappela encore. Il dit pour la troisième fois : « Silence » et tendit quelque chose à Bohusch qui souriait. Bohusch voulut d'abord étendre la main, puis il reconnut que la dure et cruelle main de l'étudiant tenait un long et mince couteau pointu sur la lame duquel la lumière de la lanterne coulait comme un sang incolore. Et Bohusch avait beau faire un effort sur lui-même il ne réussissait plus à sourire. Il se força à une grimace déçue et, frissonnant, remonta l'escalier qui conduisait chez lui. Le matin, d'ailleurs, était proche.

Depuis lors Bohusch ne dormait plus la nuit. Il attendait jour et nuit que Rezek le fît appeler et il pensait à ce qu'il aurait alors à dire... Beaucoup, beaucoup de choses. Sa fantaisie mêlait au plus fin le plus grossier, et si la durée d'un instant il pensait à leur parler de la manière d'aider les orphelins, l'instant après il décidait de les convaincre, de leur ordonner de monter à l'assaut des églises et des palais. Oui, avant tout des églises. Mais quel que fût le sujet de ses discours, il se voyait toujours comme le centre de ce groupe, comme le maître auquel la belle Carla et ces nombreux et forts jeunes gens obéiraient respectueusement et aveuglément. Il se sentait comme un méconnu qui enfin prenait sa vraie place et il marchait dans son temps sans bornes où le jour et la nuit s'étaient confondus en un crépuscule uniforme, animé du désir de les obliger tous à lui accorder toute leur attention. Sa sainte infidèle s'était lâchement abritée contre son amour et contre sa haine derrière des murs éternels ; mais à Frantichka qui sans doute entendrait bientôt, par la bouche de Carla, parler de sa gloire, il donnerait la possibilité d'obtenir son pardon. Il se demandait s'il devait se rendre chez elle, et passa deux nuits et trois jours à écrire à sa bien-aimée indigne une longue lettre. Son écriture de chancellerie soignée et ornée s'était en quelque sorte affranchie sur ces feuillets. La plupart des lettres semblaient des caricatures insolentes du copiste qui par d'étranges déguisements et des marottes de toute espèce affirmaient encore leur bouffonnerie et, l'une derrière le dos de l'autre, se raillaient mutuellement. Dans la première partie de cette longue missive il assurait Frantichka, à la manière des souverains du Moyen Age, de ses bons sentiments et de sa bienveillance à son égard, dans la seconde partie, il parlait avec d'infinies périphrases de l'importance de sa mission secrète et, dans la troisième, il lui proposait :

« Cependant, attendu que le grand mystère et l'importance indicible de mes obligations me mettent à mon profond regret dans l'impossibilité complète et absolue de te faire assister à l'assemblée qui doit contribuer à préparer l'indépendance de mon peuple et à fonder ma propre gloire, je t'invite par la présente à venir chez moi le... (ici une date prochaine était indiquée) à six heures ou sept heures du soir. Devant ma mère et toi je veux alors parler autant qu'il me sera permis de le faire sans être traître, non pas à des personnes que je ne crains point, mais à notre haute et juste et magnifique cause. »

Et cette longue invitation était signée comme suit : « Roi Bohusch. Fait à Prague. »

Lorsque le bossu se relut encore une fois, il dut

sourire et faillit détruire sa lettre. Puis il pensa : « Non, c'est du moins une bonne plaisanterie, oui, cela sûrement », et il cacheta le message, et le porta lui-même à la poste. Lorsqu'il l'entendit tomber au fond de la boîte, il respira, soulagé.

6.

Frantichka n'avait pas répondu ; mais à la vérité Bohusch n'attendait aucune réponse. Il était persuadé qu'elle viendrait, presque humblement, chez le nouveau Bohusch dont l'amitié lui apparaîtrait maintenant comme un don généreux et immérité. Lentement et en hésitant, il lui accorderait son pardon, et puis le dimanche ils ne retourneraient plus sans doute au cimetière de Malvasinka, mais parmi la foule, au parc ou à l'Étoile.

Tout cela Bohusch le pensait rapidement durant les rares pauses que lui laissait sa préoccupation essentielle des grands sujets auxquels sa vie était à présent consacrée. C'était une tâche épuisante de penser maintenant, toutes à la fois, ces pensées importantes qu'il avait eues une à une pendant ses années de misère, de les dominer toutes du regard et puis de les exprimer dans l'ordre. C'était une telle foule d'opinions, de projets, de souvenirs que tout un essaim voulait sans cesse s'envoler de ses lèvres, emporté et impitoyable comme une foule qui s'échappe d'un théâtre où le feu a pris. Mais ensuite Bohusch montrait une mine sévère et ordonnait :

— Du calme, l'une après l'autre. Chacune aura son tour.

Et en de telles occasions justement il arrivait que la foule tout entière s'évanouît brusquement, qu'elle s'écoulât tout simplement et que Bohusch sentît tout à coup sa tête vide et fût incapable de rien penser et de rien dire. Lorsqu'il avait bu quelques verres de *tchay* seulement, cette foule multicolore reparaissait et le bossu était heureux et riait jusqu'à ce que les larmes coulassent de ses yeux. Son instabilité, cependant, s'était encore accrue. Il lisait beaucoup de journaux, de vieux livres, couvrait des cahiers entiers de lettres ridicules et dormait au beau milieu de ses occupations, le jour ou la nuit, peu importait, dans un café ou dans une église, rarement chez lui, pour sursauter au bout de quelques minutes d'un demi-sommeil agité.

C'est ainsi qu'arriva le matin du jour où Bohusch avait promis à sa mère et à Frantichka qui, toutes deux, ne pourraient assister à son triomphe véritable, de parler devant elles. Il avait passé la nuit dans plusieurs cafés et cabarets et il rentrait à présent, fatigué d'avoir veillé, en longeant les murs et en regardant d'un air indifférent dans l'épais brouillard rosé de cette matinée de printemps. Il rencontra peu de gens. Près de la Tour, deux servantes le croisèrent qui portaient des paniers, riaient et bavardaient. Elles avaient des yeux frais et éveillés, et leurs robes et leurs tabliers portaient encore l'empois du neuf. Un peu plus loin deux fantassins le dépassèrent. Ils marchaient d'un pas énergique dont la cadence résonnait gaiement, et les boutons de leurs vareuses dérobaient au soleil ses premiers rayons et les lançaient hardiment dans les yeux pleins de sommeil de Bohusch. Puis un garçon boulanger siffla à la figure du bossu et rit très haut derrière lui, et un agent de police chanta n'importe quoi tandis que le plumet de son casque flottait au vent. Des volets roulèrent et les glaces se livrèrent tout entières au soleil et furent incendiées de flammes blanches.

A travers ce renouveau joyeux et frais le bossu se traînait, hagard et usé, la chemise toute plissée et les vêtements sales, et il semblait un affreux crapaud que l'on découvre au milieu d'un massif parfumé. Il ne remarqua d'ailleurs rien de tout cet éclat, si ce n'est qu'il en était dérangé. Oui, il ne savait pas même que c'était le matin et le printemps. Cependant, plus le matin avançait, plus une certaine agitation semblait gagner les hommes qui se montraient. Des gens, qui se saluaient tous les jours sans se parler, s'arrêtaient avec des mines surprises ou inquiètes et se serraient enfin la main avec une certaine reconnaissance conventionnelle, pour s'arrêter de nouveau dix pas plus loin. On éprouvait apparemment le besoin de se communiquer une nouvelle qui concernait et intéressait tout le monde. A l'angle de la rue Ferdinand un garçon de courses lisait au centre d'un groupe d'hommes et de servantes un passage du *Tschesky Curir* et, un peu plus loin, un vieux monsieur qui sortait d'un café disait à son compagnon en langue allemande : « Ce sont des gens vraiment dangereux. On devrait... » Mais la suite échappa à Bohusch. Le monsieur âgé poursuivait sa route sur ses chaussures bien cirées, et son compagnon plus jeune approuvait chaque mot, le confirmait respectueusement d'un hochement de tête, il semblait être tout à fait du même avis. Lorsque Bohusch arriva aux abords du *National*, il reconnut derrière une fenêtre Norinski, qui, de sa manière héroïque habituelle, semblait exposer quelque chose aux autres. Un instant le bossu hésita. Puis il poursuivit sa route et descendit le quai pour rentrer chez lui. Il était fatigué.

Norinski, cependant, en avait fini. Il vida son café avec un geste nonchalant — son verre de café qui eût pu être un gobelet plein de poison — et prononça avec grandeur :

— Personne de vous n'osera dire que je ne sois pas un bon Tchèque. Et je ne laisserai passer aucune occasion de convaincre du contraire ces misérables Allemands. Que l'un d'eux s'approche seulement ! Je leur mettrai le crâne d'aplomb. Mais il ne faut pas exagérer l'importance de ces histoires. Ce sont des enfantillages, vous pouvez m'en croire.

Puis il se leva, oublia de payer sa consommation, distribua des poignées de main généreuses en trois actes, et, la tête haute, se dirigea vers sa loge voisine. Les autres resserrèrent leur cercle et Karas commença de lire les informations qui concernaient cet incident. Tous donnaient à peu près la même version : par la dénonciation d'une femme on avait découvert une association de jeunes gens, étudiants et apprentis, qui tenaient des réunions secrètes dans la cave d'une maison de la rue Saint-Jérôme, réunions où étaient prononcés des discours qui constituaient un acte de haute trahison. Il était intéressant de souligner que des jeunes filles devaient également avoir assisté à ces réunions. Et des journaux allemands se félicitaient de la destruction de ce nid de malfaiteurs et regrettaient que par le silence obstiné des conspirateurs arrêtés, le chef n'eût pu être encore mis sous les verrous, ce qui, grâce à la valeur et à la clairvoyance de notre police, ne tarderait certainement pas. Et enfin les journaux les plus germanophiles écrivaient encore que l'on devait châtier d'une manière exemplaire et sans pitié ces jeunes criminels et ces traîtres au pays. On pouvait lire cela dans le *National*. Schileder était sincèrement indigné : il dit quelques mots du courage de ces jeunes gens qui ne faisaient pas de discours, mais qui voulaient aussi agir. Il ne savait pas exprimer cela très bien, et il se tut, intimidé, ne rencontrant que peu d'approbations. Sans doute hochèrent-ils tous la tête et jetèrent-ils une petite parole en aumône dans la main de la Justice. Mais en définitive — ils se retournèrent — puisque l'on était seul on pouvait bien parler franchement. Patek condamna sans ambages ce romantisme de cavernes qui n'était même pas admissible dans un roman, et le poète Machal, qui n'avait qu'une idée très vague de ce qui s'était passé, bâilla, et entre deux tentatives de bâillement objecta que toute cette affaire lui paraissait brutale, oui, terriblement brutale. Karas, qui se sentait devenir chaque jour plus cosmopolite, fit un assez long discours pendant lequel sa pomme d'Adam montait et descendait comme une grenouille harcelée de doutes. Sa conclusion fut qu'au-dehors il convenait absolument de maintenir l'opinion que ces jeunes gens étaient non seulement des martyrs de l'idée, mais encore les héros sacrifiés d'une cause nationale. Mais ici il ne pouvait s'empêcher de condamner ouvertement de telles puérilités — oui, des puérilités ! — de jeunes gens à peine mûrs. On était après tout trop cultivé pour croire que l'on reconquerrait ses droits par une activité nationale dans la vie et sur la scène politique (c'était là une expression dont Karas se servait aussi volontiers dans ses feuilletons), mais jamais par de telles incongruités. Il avait encore quelques phrases en réserve, mais il s'interrompit tout à coup. Il ne savait lui-même pas pourquoi. Les autres levèrent les yeux et virent Rezek qui était debout devant eux. L'étudiant, dans le visage pâle duquel les yeux sombres brillaient d'un éclat étrange, ne parut pas voir les mains qu'on lui tendait. Peut-être avait-il entendu les derniers mots du critique, mais il ne répondit rien, s'assit à sa place habituelle et but son *tchay*. Ses mains dures tremblaient légèrement. On n'osait rien dire. Enfin Patek commença de parler d'un nouveau livre et les artistes s'oublièrent à leur discussion. Il s'agissait d'une nouvelle dans la manière de Maupassant qu'un jeune confrère venait de publier. Il y avait quelques questions d'édition et d'argent qui se posaient et l'on se demandait si l'on devait venir en aide à l'auteur. Le puissant Karas n'y paraissait pas très disposé. Alors Patek s'écria, indigné :

— Mais, je vous en prie, c'est une question nationale !

Rezek se leva avec un sourire glacial :

— Êtes-vous des Tchèques ? demanda-t-il.

Tous se turent et le regardèrent, embarrassés. Schileder s'était levé.

— Êtes-vous des Tchèques ? répéta l'étudiant.

Karas l'apaisa :

— Qu'est-ce qui vous prend, Rezek ? Vous nous provoquez ?

— Mais vous êtes mûrs, n'est-ce pas, poursuivit Rezek, mûrs et capables.

— Il est ivre, chuchota Machal dédaigneusement.

Rezek serra les poings. Mais il se contint.

— Je sais que vous avez l'habitude de tenir une colère justifiée pour de l'ivresse. Je sais. Mais je veux vous le dire encore, le peuple n'est pas mûr. et si vous vous sentez si achevés, vous êtes ses ennemis, vous êtes des traîtres.

— Je suis officier, dit Patek d'une voix inquiète et il s'avança.

Rezek lui mit son poing sous le nez et sortit en passant devant lui sans un mot.

Bohusch ne pouvait attendre Frantichka avant six ou sept heures, car il lui avait lui-même proposé cette heure dans sa lettre ; néanmoins, dès trois heures il se demanda pourquoi sa bien-aimée ne venait toujours pas, puis vers quatre heures fut sur le point d'aller la chercher, y renonça à contrecœur et en hésitant, par orgueil ou pour quelque autre raison. Les mains dans le dos, il allait et venait dans la petite chambre où un ancien mobilier trop nombreux qu'on avait amené de la loge de portier rendait malaisées ces allées et venues, et il ne s'arrêtait que de temps à autre près de la fenêtre devant laquelle sa mère cousait.

— Mère, prononça-t-il enfin, tourmenté, il faut que tu ailles la chercher.

La vieille hocha la tête, leva ses grosses lunettes de ses yeux et approuva. Elle ne balança pas un seul instant : naturellement il fallait qu'elle allât chercher Frantichka. Et elle échangea son bonnet contre un chapeau et posa le bon châle jaune sur ses épaules.

— Tu peux dire que tu passais justement, mon Dieu, oui, tu passais justement là, par hasard. N'est-ce pas ? Pourquoi ne pourrais-tu pas y passer ? Il passe là-bas beaucoup de gens.

Bohusch eut un rire brisé.

— Dis-moi donc, poursuivit-il avec une colère impatiente, est-ce possible ?

Mme Bohusch approuva, tout intimidée.

— Sais-tu, dit-elle, je vais d'abord aller à l'église voisine. Je pourrai lui dire alors : je viens de l'église.

Elle hésitait encore. Bohusch cependant pensait depuis longtemps à autre chose. Il voyait à peine encore la vieille femme et s'étonna, en allant et venant dans la chambre, de la retrouver tout à coup devant lui. Le châle jaune, au soleil de l'après-midi, était d'une crudité insupportable. Ils se regardèrent un instant en silence, ces deux petits êtres misérables et infirmes. Puis la vieille trottina vers la porte, en hochant la tête. Soudain Bohusch fut près d'elle.

— Maminka, dit-il, et sa voix était celle d'un enfant malade.

Et la vieille femme apeurée comprit. Elle grandit, elle devenait riche, elle devenait mère. Un seul mot avait provoqué cela. Toute son inquiétude fondit en bonté, tout à coup, et elle, qui voici un instant paraissait encore si désarmée, devint puissante, à présent qu'elle étendait doucement les bras, et c'était pour Bohusch comme un retour. Il appuyait sa grande tête lourde et trouble contre la poitrine de sa mère, il fermait ses yeux brûlants, il sombrait dans cet amour profond et infini. Il se taisait. Et voici que quelque chose commença de pleurer en lui. Il entendit très distinctement que cela commençait. Ce devait être en lui, quelque part, très profondément, tant c'était faible. Et il ouvrit des yeux curieux ; il voulait savoir où cela pleurait. Et voici : il ne pleurait pas ; c'était sa mère. Bohusch ne pouvait plus à présent abaisser ses paupières, des larmes attendaient derrière ; beaucoup de larmes. Ce fut tout à coup comme une fête dans la chambre. Les objets autour des deux pauvres êtres prirent un éclat qu'ils n'avaient jamais eu, même en leurs meilleurs jours. Chaque petit vase, chaque petit verre sur l'étagère avait tout à coup sa lumière et s'en vantait et voulait jouer à l'étoile. Et l'on peut imaginer combien il devait faire clair dans cette chambre.

Puis l'horloge sonna, prudemment, comme à regret. Mais elle sonna cinq fois et la mère partit.

— Où vas-tu ? s'inquiéta le bossu.

— Il faut que j'aille chercher Frantichka.

Ce fut l'adieu.

Lorsque Bohusch fut seul, il reprit ses allées et venues nerveuses et inquiètes. Ici et là, en passant, il rangeait quelque chose, balayait la poussière de la table et s'oubliait malgré lui à ranger ses livres et ses papiers. En faisant cela il avait pris chaud. Et lorsqu'il trouva son visage brûlant, quelque part dans la glace, il s'arrêta, surpris : il portait sur ses épaules le châle de soie jaune et criard de sa mère. C'était amusant. Il voulut rire, mais l'oublia et enveloppa son dos dans les plis doux de l'étoffe, avec d'involontaires mouvements de satisfaction. Il se sentit fatigué et se laissa tomber sur le canapé à fleurs qui occupait avec la table ovale le milieu de leur plus belle pièce. Il réfléchit, réfléchit. Le pauvre et beau canapé grinçait sous son poids. Il sursauta et caressa avec une certaine tendresse le dessus en crochet, puis s'assit sur l'une des chaises voisines. Son visage, qui pouvait être parfois puéril, vieillissait à présent de minute en minute par suite de sa réflexion tendue, il était pour ainsi dire mangé par les rides qui s'y étendaient et s'y enfonçaient ainsi que des chenilles dans un fruit malade. Savait-il donc tout ce qu'il dirait ? Une peur indéterminée était suspendue au-dessus de lui. Il se sentit si abandonné, pris de vertige comme quelqu'un que l'on a oublié au sommet d'une haute tour. Il cherchait à tâtons un point d'appui. Et l'instant d'après il se figura qu'il troublait l'ordre qui régnait dans la chambre, l'ordre de jour de fête, par le fait qu'il était assis sur cette chaise. Il eut peur de sa présomption. Il se réfugiait toujours plus loin et finit par s'accroupir sur un étroit tabouret haut perché dans un angle de la pièce, près de la porte. Alors il se sentit plus calme. Il pensa : « Voilà, c'est passé, j'ai déjà tout dit », et il savait cependant qu'il n'avait fait que pleurer et c'est là tout autre chose que parler Cependant il persista avec entêtement : « J'ai tout dit, la mère le sait, et toi aussi », ajouta-t-il à haute voix, et il chercha les yeux du chat jaune qui venait lentement, d'une démarche rusée, à sa rencontre. Aucune griffe ne crissa sur le plancher brun et brillant. Sans bruit l'animal s'approcha, devint de plus en plus grand, et lorsqu'il fut si grand que Bohusch ne pouvait plus par-dessus lui voir dans la chambre calme et solennelle, le petit homme dormait déjà. Et il rêvait sans doute. Car il dit d'une voix qui semblait venir de loin :

— C'est cela, Rezek, je t'en prie, c'est cela le secret. Le peintre doit peindre le peuple et lui dire : tu es beau.

Sa tête retomba en avant et il se redressa avec peine.

— Le poète, poursuivit-il, doit célébrer le peuple et lui dire : tu es beau.

Il soupira dans son rêve : « Être beau, c'est là ce qu'il faut. » Puis un sourire s'esquissa aux commissures de ses lèvres, un bon et pieux sourire qui s'étendit sur le visage du dormeur et le rajeunit. Il soupira encore : « Je ne te trahirai jamais », puis son rêve fut si profond que plus un mot ne vint à ses lèvres.

La porte s'ouvrit. Mais le bossu ne leva les yeux que lorsque Rezek le tenait déjà à la gorge et criait tout contre lui :

— As-tu gardé le secret ?

Bohusch sentit ce mot lui brûler la joue. Ses mains se défendirent convulsivement, mais ses yeux ne comprenaient pas. Ils souriaient encore. Ils sourirent au terrible vengeur jusqu'à leur mort. Alors, le châle de soie jaune glissa sur le pauvre corps et recouvrit Bohusch et son secret.

1899.

Frère et sœur

TRADUCTION D'HÉLÈNE ZYLBERBERG
ET LOUIS DES PORTES

Vers midi, les nouveaux locataires étaient arrivés dans la vieille maison, en face de l'église des Chevaliers de Malte — au troisième — et jusqu'au soir, on n'avait rien su d'eux, sauf qu'ils amenaient des meubles de dimensions inusitées, qui menaçaient de rester coincés dans les tournants de l'étroit escalier. La vieille revendeuse aux yeux chassieux, assise dans l'ombre de son arcade, n'arrivait pas à se remettre de l'impression qu'avait produite sur elle la monumentale armoire de chêne, et conjurait les voisins de l'en croire ; il s'agissait là d'une de ces armoires « de maîtres », telles qu'on n'en voit que dans les bonnes maisons. Cette assurance avait fait sensation et tenait en haleine toutes les petites coteries de la maisonnée. A tout moment, l'une des portes de palier vernies de blanc et ornées de cartes de visite sales laissait passer la tête d'une femme en négligé, qui épiait ce qui se passait au-dessus et dans l'escalier, et se retirait vivement dès qu'elle apercevait d'autres têtes aux aguets, lesquelles disparaissaient avec la même hâte craintive, jusqu'à ce que ces âmes sœurs se fussent enfin reconnues dans une même curiosité vorace, s'excitant alors toujours plus par des échanges de louches suppositions.

Subitement, toute cette population féminine abandonna la cage d'escalier en colimaçon, qui s'élevait comme une colonne torse à travers le bâtiment, pour se jeter vers les fenêtres donnant sur la cour. Au fond du puits que formait cette cour, un orgue de Barbarie entamait, sanglotant, la mélodie de *l'Étudiant nomade,* tandis que quelques enfants, surgis on ne savait d'où, exécutaient autour du vieil ivrogne une danse d'une étrange sauvagerie. Les sons, qui, d'abord, sortaient de la gorge sèche de l'instrument en soupirs brisés et hoquetants, s'accélérèrent bientôt et semblèrent lancer d'invisibles lassos vers tous les cous qui s'allongeaient démesurément aux lucarnes et aux fenêtres des cuisines, pareils à de bizarres ornements architecturaux se détachant sur la nudité des murailles. Les femmes qui se saluaient d'une fenêtre à l'autre paraissaient, au crépuscule, toutes pareilles entre elles ; leurs visages semblaient avoir pris l'indescriptible teinte décolorée des murs, et jusque dans leurs mouvements et dans leur voix, il y avait une telle uniformité qu'elles semblaient être les organes de la maison, plutôt que des créatures autonomes. On eût pu croire que l'attention de toutes ces têtes était dirigée vers le misérable orchestrion, car beaucoup marquaient la mesure ; mais, en vérité, tous les regards louchaient vers la fenêtre de la cuisine du troisième étage, dont plus d'une oreille crédule se figurait entendre grincer la poignée.

L'orgue de Barbarie se tut, épuisé par un galop qu'un petit ratier noir accompagnait de hurlements ; l'homme grogna un remerciement et s'éloigna d'un pas lourd et traînant. Le clair essaim des enfants le suivit, et soudain, l'on éprouva le silence et l'obscurité lourde de la cour. Mais ce fut précisément à cet étrange instant suspendu que la fenêtre épiée s'ouvrit, presque sans qu'on l'entendît, et que la vieille servante Rosalka se pencha au-dehors. Toutes les têtes disparurent, et seule une voix insolente, impatiente, cria : « Eh bien ! êtes-vous installés maintenant ? » La servante Rosalka fit un signe de tête, et tandis que l'orchestrion entamait dans une cour voisine un air lugubre, elle s'assit comme un gros oiseau triste dans le noir de la fenêtre et se mit à débiter avec une sorte d'indifférence, comme elle eût pelé des pommes de terre, le récit de la vie de ses maîtres. Toute la cour écoutait les paroles qu'elle laissait tomber dans le vide. Et quoiqu'il n'y eût plus personne de visible aux fenêtres, les murs ne perdirent pas un mot. Parfois seulement, une question ou une plaisanterie montait vers la vieille. Une heure plus tard, tandis que l'on sonnait l'*Ave* à l'église des Chevaliers, la revendeuse sous son arcade connaissait toute l'histoire de Joséphine Wanka, la veuve du forestier, et de ses deux enfants, et la resservait à ses derniers clients quotidiens, le greffier Jérabek et le laquais Dvorak, en sus de « l'armoire de maîtres ».

Mais peut-être la confession générale de la vieille n'eût-elle pas été nécessaire pour satisfaire l'avidité des femmes. Car les trois êtres qui venaient de se transporter de leur petite cité de Krummau dans la capitale portaient tous leurs souvenirs et toute leur biographie sur leurs vêtements ; il eût suffi de les effleurer pour en emporter un lambeau. Cela tenait en partie aux usages de la petite ville, où chacun se fait une parure de ses joies et cherche à rendre ses douleurs aussi voyantes que possible ; celui qui refuserait de se conformer à cette coutume verrait bientôt son secret forcé par la vigilance impitoyable des voisins, et la rumeur publique ne tarderait pas à lui rapporter, déformés et rendus méconnaissables par la haine et la raillerie, ses bonheurs secrets et ses chagrins silencieux. Toutefois, cette espèce de sincérité des Wanka avait pour raison principale qu'ils étaient encore sous le coup de l'événement le plus récent et le plus gros de conséquences de leur vie, événement qui remontait d'ailleurs à une année déjà. Les deux femmes surtout portaient les traces visibles de leur destin, l'empreinte brutale de sa griffe sur leur visage, et l'on percevait toujours dans leur voix comme un arrière-plan d'angoisse, une angoisse qui soudain, sans cause apparente, envahissait toutes leurs paroles. Seul le fils, Zdenko, jeune homme d'une vingtaine d'années, portait sur son visage une expression de sérieux et de réserve qui forçait rapidement toutes les sympathies. Le fait, toutefois, qu'il étudiait la médecine — comme on l'avait appris dès les premiers jours — expliquait qu'on lui témoignât une sorte de respect distant, plutôt que de la cordialité. Il ne paraissait pas, d'ailleurs, s'y refuser, ou même le remarquer. Quant aux deux femmes, bien que leur extérieur les révélât entièrement, elles conservaient vis-à-vis des serviables habitants de la maison une certaine froideur, et plusieurs semaines s'étaient écoulées, depuis ce premier jour, sans qu'une seule voisine eût passé le seuil de Mme la veuve du forestier. C'était devenu là, à cause de la difficulté même d'y parvenir, le but de tous les efforts des locataires ; on ne reculait devant aucune ruse ; on allait, jusqu'aux heures les plus tardives, emprunter aux Wanka un mortier à sucre, ou un tire-bouchon, que l'on égarait avec une remarquable fréquence, ou enfin la clé de la cave, et l'on s'en retournait, la plupart du temps, emportant, outre ces objets, le dépit de n'avoir pas même pu jeter un coup d'œil dans le salon.

Cette obstination désespérante n'avait aucun rapport avec les confessions de la vieille servante le premier soir, et, bien entendu, c'était des bonnes dispositions de Rosalka que l'on attendait tout ; mais elle aussi paraissait être devenue plus discrète et méfiante. Lorsqu'on la pressait de questions, elle recommençait sans se lasser l'histoire que tout le monde connaissait déjà depuis longtemps, l'histoire du matin de mars où les ouvriers forestiers avaient ramené à la maison le corps de Joachim Wanka, inspecteur du district, assassiné par des braconniers. Et qu'il était couché là, avec une expression de colère figée sur son visage sombre, comme dans l'ombre des sourcils broussailleux ; et que ses poings ne pouvaient plus être ouverts, de sorte que le forestier aurait bien du mal, au jour du Jugement, à faire croire qu'il avait passé tout ce temps les mains pieusement jointes. Après quoi la vieille faisait un signe de croix machinal et assurait, par-dessus le marché, quelle avait su longtemps d'avance tout le malheur qui devait arriver grâce à des signes et à des rêves, et aussi parce que le seigneur Jules César était revenu hanter le château de Krummau, et que le châtelain avait vu l'empereur Rodolphe assis devant lui dans un fauteuil, la tête appuyée sur sa main, regardant au loin une étoile qui brillait sur la vallée de la Moldau.

La vieille Rosalka n'avait que mépris pour ceux qui refusaient de croire toutes ces choses ; un tel refus dénotait, à ses yeux, un manque d'éducation et d'expérience ; c'était l'une des nombreuses et déplorables conséquences de cette instruction, qui faisait des ravages toujours plus étendus dans « la grande ville ». Le soir, quand Mme Wanka et son fils paraissaient engagés dans une grave discussion, Rosalka ne pouvait se tenir de faire un signe à Louisa, la jeune fille, qui était assise là sans rien faire, avec ses grands yeux égarés. Elle l'entraînait dans sa cuisine pour la mettre en garde contre les propos pervers des hérétiques, qui n'ont plus peur de rien, ni des cimetières, ni de minuit, ni même des deux réunis. Très vite, il se créait une atmosphère où la vieille se sentait à l'aise : alentour, de la haute armoire de la cuisine jusqu'au grossier seau de ménage, les choses qui tout à l'heure se tenaient là si discrètement commençaient à épier ce qui se passait, et l'on eût dit qu'elles s'avançaient peu à peu vers les deux femmes, pour ne rien perdre de ce que disait la vieille. Des bruissements s'éveillaient, comme si l'on eût marché, et sans raison l'une des vieilles poêles à frire faisait un rire : « Plinck ! » Alors la servante s'arrêtait et toutes deux, le cœur battant, écoutaient résonner la note argentine. Il arrivait qu'une horloge invisible frappât une heure mystérieuse et lourde de sens. Et maintes fois, la vieille lampe de cuisine, comme si elle eût été complice de Rosalka, s'éteignait précisément durant ce silence attentif ; le crépuscule alors s'appesantissait, lourd de mille possibilités chancelantes. Louisa, toujours muette dans un coin, se sentait devenir de plus en plus petite en présence de ces puissances, il lui semblait qu'elle se fondait et qu'il ne restait plus d'elle que deux grands yeux anxieux, qui suivaient avec une sorte de confiance crédule les apparitions fantomatiques. C'était alors comme dans la grande salle des masques du château de Krummau, dont les parois sont peintes, jusqu'à la voûte sonore, de personnages aussi grands que nature. C'est un peintre français, dit-on, qui les a décorées, il y a de cela des siècles, et sa composition est si adroite, si riche et d'une si surprenante variété que, même en plein jour, on voit surgir sans cesse, derrière chacune des figures formant ces groupes de carnaval, de nombreux personnages aux déguisements extravagants. A Krummau, d'ailleurs, on sait fort bien que cette particularité ne peut être attribuée à l'habileté du peintre, mais bien au fait étrange que les chevaliers et les dames se réveillent à une certaine heure et recommencent à jouer le drame, chaque nuit de nouveau. Ils descendent des parois et remplissent la salle de leur tourbillon multicolore. Jusqu'à ce que les grenadiers géants, placés auprès des portes, frappent violemment le sol de leurs hallebardes. Alors, les rangs s'ordonnent. Un tonnerre roule sur eux. Conduisant son attelage à six chevaux noirs et fougueux, le prince Jules César, fils naturel de Rodolphe III, vient de gravir la rampe rapide, et l'instant d'après, il apparaît, sombre et mince, au milieu des invités qui s'inclinent très profondément. Il est semblable à un cyprès parmi les blés courbés par la tempête. Puis la musique fait tournoyer la foule, une musique étrange qui paraît naître du frôlement des précieux costumes, et qui s'élève toujours plus forte et plus large au-dessus de la masse des danseurs, pareille à la mélodie de la mer. Çà et là, on aperçoit le prince qui divise d'un signe les vagues brillantes, disparaît en elles, et remonte enfin fièrement à l'autre extrémité de la salle, laissant glisser sur eux tous un sourire lumineux comme un rayon de soleil, et distribuant autour de lui des paroles claires et hautaines, comme on jette un anneau d'or dans les remous d'une foule, et tous se précipitent pour le saisir. Ainsi, dans le tumulte de plus en plus sauvage, grandit une joie mystérieuse. Aux côtés d'un chevalier d'argent, le prince reconnaît une pâle jeune fille en bleu, et il éprouve aussitôt de l'amour pour elle et de la haine pour celui qui l'accompagne. Ce double sentiment jaillit en lui, dans le même instant, rouge et rapide. Et, déjà, il a fait roi le chevalier d'argent : car sur sa cuirasse polie coule un flot de pourpre de plus en plus large et sanglant, jusqu'à ce qu'enfin le chevalier s'écroule sous le poids de ce manteau princier. « Tel est le sort de plus d'un roi ! » ricane le prince devant les yeux mourants. Alors, tous les personnages de la fête se figent de terreur et pâlissent lentement contre les parois qui s'éteignent ; la salle abandonnée s'élève comme un récif dénudé au-dessus des dernières vagues lumineuses. Seul demeure Jules César, et l'éclat du désir qui brille dans ses yeux ardents embrase les sens de la femme pâle. Mais lorsqu'il tente de la saisir, elle s'arrache à la puissance de ce regard et s'enfuit dans l'obscurité sonore de la salle, laissant aux mains brutales du prince son léger vêtement de soie bleue, comme un lambeau de clair de lune. Il l'enroule autour de son cou et s'étrangle presque. Puis il la cherche à tâtons dans la nuit et soudain crie de joie : il entend qu'elle vient de découvrir la petite portière de tapisserie et il sait que maintenant elle est à lui ; il ne lui reste plus qu'un seul accès, l'étroit escalier qui aboutit à la petite chambre circulaire et parfumée, tout au haut de la tour de la Moldau. Avec une hâte exaltée, il se jette à sa poursuite, il n'entend plus ses pas effrayés, il la voit seulement à chaque tournant de l'escalier fuir devant lui comme un reflet. Il l'attrape enfin, et voici qu'il ne tient dans ses mains qu'une fine chemisette, encore tiède, bientôt froide sous ses lèvres. Il se sent pris de vertige et, tandis qu'il baise sa proie, il s'appuie, chancelant, à la paroi. Puis, en trois ou quatre bonds de bête féroce, il atteint la chambre de la tour, et là, s'arrête, pétrifié : sur le fond de la nuit se dresse, nu, le corps pur de la jeune fille, surgi comme une fleur dans l'ouverture de la fenêtre. Tous deux restent immobiles. Puis soudain, sans qu'il ait eu le temps de rien penser, deux bras clairs et enfantins se lèvent parmi les étoiles, comme s'ils allaient devenir des ailes, une lueur passe devant lui, et dans le cadre de la haute fenêtre il n'y a plus rien que le vide de la nuit hurlante et un cri...

— Et tu as vraiment dix-huit ans ? dit Zdenko, penché sur sa petite sœur terrifiée et tout en larmes, qu'on distinguait à peine, craintive et pelotonnée dans le coin de la cuisine. Tes vieux fantômes te suivent-ils donc jusqu'ici, jusqu'à Prague ? Ou bien est-ce Rosalka qui les a emportés avec elle dans ses pots et ses marmites ?

La vieille servante se détourna en grognant.

— Oui, dit Louisa d'une voix tremblante, oui — et les sanglots lui coupaient la respiration — d'abord, quand nous sommes arrivés ici, j'ai cru que j'allais en être délivrée. Quand j'ai vu les maisons éclairées et les rues larges, je me suis sentie toute libre et joyeuse mais ici, dans ce petit coin, c'est presque pire que chez nous, ne trouves-tu pas ?

Et lentement, la jeune fille promena ses regards autour d'elle. Zdenko l'entraîna dans la grande pièce éclairée.

— Naturellement, c'est comme je l'avais dit, cria-t-il à sa mère. Pendant que nous sommes ici à causer, la voilà qui retourne chez la vieille sorcière, et toutes ces stupidités la reprennent.

Mme Joséphine secoua doucement sa tête aux cheveux gris et dit :

— Quand deviendras-tu donc raisonnable, mon enfant ?

Elle cousait tranquillement, et dans la corbeille, à côté d'elle, beaucoup de travail attendait encore. Après quelques moments, la veuve posa ses mains aux doigts piqûrés sur ses genoux et regarda sa fille au visage. Louisa, éblouie par la lampe vive, avait fermé les yeux, et sa petite figure pâle aux traits délicats portait encore une telle expression d'angoisse que la mère en fut effrayée. Elle se rendit compte, tout d'un coup, de la maigreur fluette de la jeune fille et se demanda si elle aurait jamais la force d'affronter la vie sans soutien ni secours. Les yeux bleu clair et pleins de bonté de la mère se voilèrent de larmes ; peut-être était-ce aussi à cause de l'effort, car c'est un travail pénible que de raccommoder du linge blanc, et les paupières de Mme Wanka en étaient toujours un peu rougies. Louisa, qui avait sans doute senti ce regard, offrit au bout d'un moment d'aider sa mère. Les deux femmes étaient maintenant penchées sur leur ouvrage et la suspension éclairait crûment la tête grise et la tête blonde. Zdenko parla :

— Je ne sais pas, mais j'imagine que c'est à force de respect que Louisa est restée si petite fille. Réellement. C'est très possible. Quand on a vu, comme elle, depuis son plus jeune âge, de si grandes choses — pensez seulement au château perché sur son rocher, à ces grandes cours, aux canons des remparts et à tous ces tableaux et vases dans les salles, qui ont l'air faits pour des géants — on transfigure tout cela en... (Mme Wanka regarda son fils dans les yeux, en souriant, puis se remit à travailler avec application)... ou bien on perd tout courage, désespérant de s'élever jamais à ces proportions. On se dit : jamais je ne serai assez grand pour cela. Et l'on passe son temps à s'étonner et à contempler, on s'oublie soi-même, et l'on oublie que toutes ces choses ne sont en vérité que des symboles. Tu ne crois pas, Louisa ?

— Peut-être, fit la jeune fille, sans interrompre son travail.

— Moi aussi, quand j'étais petit garçon, j'ai senti à quel point tout cela peut être oppressant.

Zdenko regardait dans le vague, par-delà les deux femmes.

— Mais un jour le choc se produit et, au lieu de se résigner et de se mettre à genoux, on se redresse, on se hausse sur la pointe des pieds. Et une fois ce moment passé on est bientôt capable de regarder plus haut. Croyez-moi, tout est là. Regarder toujours plus haut que tout ce qui vous arrive. Celui qui y parvient, celui-là est le maître. J'avais de tout temps pressenti très clairement la raison du désordre et de l'incertitude de notre époque ; mais maintenant, depuis que j'habite la ville et que je vois beaucoup d'hommes, je la connais : c'est que personne ne domine. Vous me direz que c'est faux : le bourgmestre règne sur la ville, et le gouverneur de la province sur le bourgmestre ; et le gouverneur à son tour est bien au-dessous du roi, qui est au-dessous de l'empereur, qui est au-dessous du pape. Quant au pape, malgré sa triple couronne, il est encore bien au-dessous du bon Dieu, pensez-vous. Je crois que tout cela vient de ce que l'on prend les choses à rebours, d'ordinaire. Il me semble que le bon Dieu est tout à fait en bas, et que le pape est un peu au-dessus, et ainsi de suite. Tout en haut, il y a le peuple. Mais le peuple n'est pas un, il est multitude : tous se heurtent et se poussent mutuellement, et l'un cache à l'autre son soleil. C'est justement pourquoi j'estime qu'il est nécessaire que l'on hisse un homme de temps en temps au-dessus des autres, pas trop haut (car il risquerait alors de retomber au niveau du roi ou de l'empereur), mais assez haut pour sentir leurs fortes et fidèles épaules au-dessous de lui et pour pouvoir contempler un moment avec sérénité ce qui est au-dessus de leur tête. Lorsqu'il redescendra parmi ses frères, il sera comme celui qui revient du pays natal et il pourra leur dire où le soleil se lève et combien de temps cela va durer encore jusqu'au jour ; et bien d'autres choses. Mais alors...

Zdenko se cacha les yeux de ses mains. Puis il se leva brusquement.

— Bon. Laissez maintenant cette couture et allez dormir. Il est tard. La lampe va bientôt s'éteindre.

Sa voix était rauque. Il remarqua à cet instant seulement que Louisa n'était plus penchée sur son ouvrage ; elle fixait sur son frère un regard brûlant, ses yeux étaient plus grands et plus lumineux que jamais. Il se vit en eux, d'une manière étrange, et se redressa fièrement, comme devant un miroir.

Mais la mère continuait à coudre avec une inlassable énergie et Zdenko éprouva soudain le désir de s'approcher d'elle et de lui baiser la main.

Ce n'était point par méfiance que la servante Rosalka était restée muette devant les autres locataires. Souvent les vieilles personnes se conduisent ainsi lorsque, chassées de leurs petites habitudes provinciales, elles se voient obligées de s'accommoder d'un nouvel entourage. Elles ont peine à s'adapter à une échelle plus vaste ; il semble qu'on les ait transportées subitement d'une chambre étroite dans une salle sonore, où leurs paroles les plus discrètes se trouvent répercutées en écho par des chœurs invisibles, cependant que leurs gestes vifs paraissent se perdre dans ces espaces qui ne sont pas à leur mesure. Au début, la nouveauté de cet état leur plaît, mais bientôt elles le ressentent comme une contrainte décourageante et, un beau jour, elles renoncent à leurs vains efforts, reposent les mains sur leurs genoux et gardent pour elles leurs paroles. A cela s'ajoute qu'en province les gens sont beaucoup plus modestes. Il leur suffit d'avoir connu une fois un malheur de bonne taille pour jouir jusqu'à la fin de leurs jours de la commisération respectueuse de leurs connaissances, comme d'une rente viagère. Mais dans « la grande ville » — grognait la vieille — il faudrait, pour en obtenir à peu près autant, perdre un père une fois par semaine et tomber dans l'escalier ou par la fenêtre toutes les trois semaines. Elle songeait, les yeux humides, à la « position » qu'elle occupait à Krummau et ne pouvait pardonner à ses maîtres d'être venus habiter Prague pour permettre à Zdenko de poursuivre ses études.

Elle considérait, toutefois, comme une circonstance atténuante le fait que Mme la forestière allât de temps à autre dans de « bonnes maisons » chercher des travaux de couture pour gagner quelque chose en plus de sa pension et de ce qu'elle recevait des princes Schwarzenberg, car le nouveau train de ménage et l'éducation de son fils l'exigeaient. Elle savait d'ailleurs que Mme Wanka était prête à tous les sacrifices pour Zdenko et avait le profond désir de le voir devenir « docteur », ce qui paraissait à Rosalka le type même de l'ambition inutile et la marque d'un orgueil sans limites.

Les efforts de la veuve étaient jugés d'une manière toute différente dans la maison de Mme la colonelle Meering von Meerhelm où Mme Wanka se rendait tous les lundis, jours de lessive, pour repriser le linge. Mme Charlotte Meering n'avait que louanges pour le zèle de la mère et blâmait seulement le fait que Zdenko suivît les cours de l'université tchèque, et non de l'allemande. Cette erreur manifeste était cause qu'on ne pouvait jamais l'inviter. C'est en vain que la veuve assurait que la décision avait été prise en parfait accord avec l'esprit de son défunt mari, qui avait toujours été un bon Tchèque. La colonelle se bornait à un sourire distingué et, comme elle le disait à son mari, « ne pouvait arriver à comprendre le petit esprit de ces gens ». Par contre, Louisa avait parfois le droit de venir chercher sa mère et, si elle promettait de ne parler qu'allemand, on lui accordait la permission de « jouer » pendant dix minutes avec les enfants Meering, un garnement de quinze ans et une petite Lizzie, de trois ans plus jeune. Le résultat en était d'ailleurs exactement inverse de celui qu'on désirait. Les deux enfants se jetaient sur la timide et craintive jeune fille et se mettaient à la pousser et à la bousculer comme un objet quelconque, jusqu'à ce que Mme von Meering parût sur le seuil de la chambre au moment précis où Louisa, attachée à une armoire, figurait un otage blanc autour duquel les enfants se livraient à une danse d'Indiens en poussant des cris sauvages. Rien d'étonnant à ce que Louisa ne se réjouît guère de ces visites et fût reconnaissante à sa mère lorsque celle-ci l'autorisait à l'attendre sur le palier ou dans la rue. Souvent, le colonel rentrait chez lui à ce moment-là, et comme il évitait autant que possible de se trouver mêlé à la terreur des jours de lessive, il s'attardait quelques instants auprès de la jeune fille. Ce petit homme, un peu épais, dont la poitrine portait à l'intérieur un sentiment très puissant de l'honneur, et à l'extérieur une grosse décoration, tortillait, non sans bonhomie, les pointes de sa moustache et engageait invariablement l'entretien par cette phrase :

— Mademoiselle attend monsieur son fiancé ?

Là-dessus, Louisa ne manquait pas de rougir

autant que le mauvais éclairage de la rue le rendait nécessaire. Le vieux monsieur s'en égayait et se persuadait chaque fois davantage de la finesse de la plaisanterie. Il la répétait volontiers à sa Lotti, au repas du soir, lorsque les enfants avaient été se coucher, naturellement. A part cela, il n'était guère capable de faire la conversation. Il y avait en lui quelque chose de méditatif, que l'exemple suivant peut faire sentir. Il avait réfléchi pendant cinq ans à ce que pouvait bien signifier certain avertissement qu'on lui faisait de temps à autre « d'en haut ». Et il n'avait compris que beaucoup plus tard, après que l'avertissement perpétuel eut enfin provoqué une sorte de tempête qui avait déposé le colonel, du sommet dangereux de son commandement, dans la vallée contemplative de la retraite où il vivait maintenant, toujours réfléchissant. C'était un de ces hommes qui mesurent les profondeurs de la vie selon les normes terrifiantes des histoires d'almanachs, et il s'étonnait fréquemment d'avoir réussi, en dépit de tant de dangers, à gravir les échelons de la hiérarchie terrestre. D'ailleurs, dans son souci d'estimer chaque chose et chaque être à sa juste valeur, il ne se contentait pas de se décerner à lui-même une approbation sans réserve. Depuis qu'il savait que le défunt Wanka avait été forestier d'un domaine princier et que Mme Joséphine avait parfois tenu le rôle de dame d'honneur au château de Frauenberg, il était très satisfait de la présence de la veuve dans sa maison ; il croyait en recevoir comme un souffle indirect de la faveur princière.

Lorsque Mme Wanka sortait, ces lundis soir, de la maison Meering, les yeux fatigués, elle embrassait sa fille, et toutes deux se dirigeaient sans échanger un mot, par les rues animées des quartiers modernes, vers le pont de pierre. Mais dès qu'elles avaient quitté la bruyante rue du Pont pour les petites ruelles à peine éclairées, leurs langues se déliaient et elles se mettaient à parler doucement et longuement de Zdenko, pareilles à deux horloges qui jouent leur chanson tremblante, en rêve, au milieu de la nuit. Il y avait dans leur dialogue une tendresse émouvante et d'autant plus intime qu'elle ne se trahissait jamais par des paroles, mais remplissait tout l'être des deux femmes, embellissait leurs mouvements et rendait plus lumineux leur sourire. Depuis cette soirée où les yeux de Louisa avaient soudain brillé d'une si étrange lueur, tandis que son frère parlait, celui-ci était devenu pour elle un tout autre homme, un être beaucoup plus puissant ; et quoique l'amour que Mme Wanka portait à son fils jaillît de sources plus profondes, la mère et la fille se comprenaient dans cette langue de tendresse attentive, et toutes leurs paroles signifiaient à peu près : il est devenu un autre homme.

Elles avaient raison. Une joyeuse exaltation

s'était emparée du jeune homme. Il avait reçu, au cours de ses jeunes années, comme un présent perpétuel, l'amitié des forêts et le calme puissant de la maison paternelle ; et ce que l'on exigeait de lui, en retour, lui apparaissait dérisoire. Quand il songeait à ces années qui avaient précédé la mort de son père, il était enclin à croire qu'il n'avait vécu qu'une seule longue journée, heureuse et comblée, jusqu'à cette dure douleur : la mort violente de son cher père. Derrière cette épreuve, il ne voyait plus qu'un repos vide et sans vie, un oubli. Mais il sentait qu'au milieu de la nuit une porte s'était ouverte, quelque part, et maintenant des journées jeunes et multicolores se précipitaient dans sa vie et lui tendaient des mains pleines d'exigences impatientes. Combien il leur était reconnaissant de tant de désir ! Pareil à celui qui rentre chez lui, il distribuait de tous côtés ses dons, et ce sont des objets qui viennent de loin, et chacun de ceux qui les reçoit s'entend à les utiliser. Wanka avait l'impression que le monde entier vivait de sa poche, et qu'il ne pouvait en tirer que profit. On le trouvait toujours au milieu d'un cercle de jeunes gens, auxquels il jetait ses boutades et ses pensées sérieuses pêle-mêle, et ils y trouvaient de quoi remplir leurs jours et leurs nuits. Il ne remarquait pas à quel point ces jeunes esprits étaient sans but dans l'existence ; car lui-même n'avait pas de but, ou plutôt il en avait mille, et il en changeait d'un jour à l'autre. Cette manière de vivre le mettait en contact avec quantité de personnes très diverses, et à toutes il se donnait avec la même loyauté. Lorsqu'il s'était une fois de plus enthousiasmé pour une idée nouvelle et originale, il croyait devoir en remercier les hommes qui l'entouraient avec méfiance. Peu à peu, il était devenu plus silencieux ; il écoutait maintenant avec attention ceux qui le contredisaient, et découvrait qu'il n'était guère capable de leur répondre. Il prit conscience, lentement, de ce que ses enthousiasmes n'étaient en fait que les fragments d'un vaste monologue, et cette constatation le rendit plus réservé et plus solitaire.

Il passait maintenant des nuits au *Café national*, écoutant en silence des hommes plus âgés et sérieux, dont il croyait qu'ils étaient l'élite de la population. C'étaient des poètes et des peintres, des acteurs, des étudiants. Ils avaient tous, dans leur comportement, quelque chose qui tout d'abord l'avait vivement choqué ; mais il cherchait maintenant à s'y habituer. A l'heure de la sortie des théâtres, ils se retrouvaient, fatigués et maussades, et ils se saluaient d'un sourire de pitié réciproque. Leurs vêtements se faisaient remarquer soit par une élégance excessive, soit par une grossière négligence et, au premier coup d'œil, on distinguait difficilement ce qui pouvait bien les réunir. Après quelques verres de *tchay* ou de bière de Budweis, on comprenait que leur ressemblance résidait dans les grands mots qui tombaient de leurs lèvres, toujours plus nombreux et impétueux à mesure que la nuit avançait. La seule différence qui subsistait, c'était que ceux qui étaient vêtus à la mode du jour semblaient déposer leurs paroles devant eux avec l'avertissement : « Défense de toucher ! » tandis que les autres les lançaient simplement en l'air, au hasard. Ainsi Wanka les entendait discuter les problèmes de la « nation » ; il découvrait les misères de celle-ci et son état de servitude, sa nostalgie silencieuse et intime. Une honte s'emparait de lui, semblable à celle qu'éprouve un plaisantin à qui l'on apprend qu'il y a un mort dans la maison. Il se demandait comment il n'avait rien remarqué de cette oppression durant des années. Il avait soif d'en apprendre davantage. Mais, quand il se tournait de nouveau vers ces hommes pour les questionner, il s'apercevait qu'ils parlaient depuis un bon moment, d'ailleurs sur le même ton, de tout autre chose, d'art par exemple. Et il comprenait tout d'un coup que leurs enthousiasmes n'étaient que des explosions de tempérament et qu'ils n'avaient entre eux de commun que leurs imaginations. Alors, il s'écarta d'eux. Il passa de nouveau ses soirées à la maison et se consacra avec un zèle renouvelé à ses études. Un temps, il crut que tout était de nouveau comme avant. Jusqu'à ce qu'un certain soir, pareil à celui où il avait trouvé Louisa à la cuisine, en proie à ses fantômes, ses pensées secrètes, comme par hasard, trouvassent enfin à s'exprimer. Il avait conscience de regarder les passants tout autrement qu'avant, dans les yeux, s'efforçant de distinguer dans leur expression les traces de cette souffrance qui devait tourmenter son peuple. Ici ou là, il croyait vraiment remarquer l'empreinte d'une oppression, d'un esclavage. Mais lorsqu'il regardait de plus près, il s'apercevait, à sa grande déception, que ce qui pesait sur ces épaules, c'était le joug de la pauvreté et de la misère, et non celui de la servitude. Pourtant, il n'était pas tranquillisé. Il sentait des forces en lui, et chaque jour il se demandait si son peuple ne les réclamait pas. De plus en plus impatient et mécontent, il ne tenait plus en place dans la pièce principale de leur logis, où Louisa paraissait toujours l'attendre, avec ses grands yeux interrogateurs. Il repartait pour de longues promenades.

Une fois, au printemps, tandis qu'il longeait le Podskal, enfoncé dans sa méditation, il vit soudain s'élever devant lui, dans un terrain vague en partie bouleversé par des travaux, un grand bâtiment gris aux lignes monotones, dont les fenêtres vides le regardaient, comme celles d'une maison incendiée. Il pensa que c'était une caserne désaffectée et livrée à la démolition, et comme il n'y avait pas de barrières, il y pénétra par un grand porche béant. Les cours étaient encombrées de chambranles de portes, de planches et de toutes sortes de débris et tout paraissait incroyablement triste dans la lumière de cette fin d'après-midi terne, qui s'assombrissait lentement. L'étudiant, guidé par un sentiment obscur, avisa un escalier aux marches usées et le gravit. Il traversa de vastes corridors blancs et de nombreuses pièces dont le plafond était effondré et le plancher en partie arraché. Puis il grimpa encore et pénétra dans un couloir dont la paroi terminale était éventrée, en sorte que le vent y pénétrait largement, arrachant des brins de paille aux chevrons du toit et les projetant contre l'intrus comme des flèches. Wanka passa une porte et se trouva dans une cellule large d'à peine trois pas, et guère plus longue, où régnait une lumière égale et atténuée, issue d'une ouverture grillagée, près du plafond. Les parois d'un blanc grisâtre étaient couvertes d'égratignures étranges et confuses, dont il découvrit après quelques instants qu'elles formaient des mots et des dessins. Il lut des prières, des jurons, des noms d'hommes ou de lieux, griffonnés et emmêlés avec des caricatures ricanantes, curieusement confondus avec les traits du nez et des yeux, plus semblables à des rides parlantes qu'à des signes d'écriture. Des visages blafards et tourmentés apparaissaient ainsi, l'un surgissant de l'autre. C'était comme une multitude qui se pressait à sa rencontre, sortant de la paroi toujours plus vivante et, en avant, un homme menaçant, en colère, les yeux vides. En travers de son front une inscription : « Jésus Maria. »

Wanka crut alors entendre prononcer son nom et, saisi d'une indicible terreur, il se détournait déjà pour fuir, lorsqu'il se heurta violemment à Rezek, le pâle étudiant qui disait avec un sourire bizarre et entendu :

— Ceux-là aussi, c'étaient des artistes, n'est-ce pas ?

Il reconnut son camarade et le regarda, stupéfait, sans comprendre.

— Chacun l'est à sa façon, reprit Rezek, souriant encore.

Puis il ajouta, sérieusement :

— Croyez-moi, Wanka, ces dessins m'émeuvent davantage que tous les tableaux de nos peintres et les rimes de nos poètes. Savez-vous ce que c'est que tout cela ? Des chants populaires. Mais non pas de ces chants nés il y a mille ans et devenus incompréhensibles. Des poèmes écrits dans une langue éternelle ! On devrait protéger ces parois et les conserver avec autant de soin que les hiéroglyphes des Pyramides. On devrait les exposer dans les églises, car elles sont saintes. Regardez cela — et il posa un doigt maigre et rude sur un dessin qui représentait en traits maladroits une petite maison — voilà ce qu'a produit la nostalgie d'un homme, et sa foi a inscrit au-dessous une prière, et son désespoir un juron, et son mépris a dessiné tout autour, d'un ongle sanglant, cette caricature, si bien que la chère petite maison paraît être la gueule béante et vorace de cette figure. Avez-vous jamais vu une plus terrifiante peinture ?

— Venez ! dit Wanka, soudain saisi de peur.

Rezek le suivit.

— Je viens souvent ici, dit-il. Les travaux de démolition sont lents. Je lis ces parois comme une Apocalypse. Et j'ai trouvé ici la réponse à bien des questions.

Ils se taisaient.

— D'ailleurs, ajouta Rezek, comme ils repassaient la porte d'entrée de la caserne, la réponse est finalement aussi une question. Toujours la même et unique question, et c'est moins terrible que beaucoup de questions...

— Qu'est-ce donc au juste, que cette maison ? questionna Wanka, en se retournant vers le bâtiment abandonné, qui se détachait, immense et noir, avec ses fenêtres vides, sur le ciel du soir.

Rezek leva les yeux :

— La vieille prison de Saint-Venceslas.

Il s'arrêta pour allumer une cigarette. Puis ils entrèrent sans mot dire dans la ville.

Désormais, les deux jeunes gens, qui s'étaient déjà croisés souvent avant ce soir-là, se rencontrèrent presque chaque jour. C'était une sorte d'emprise sur sa volonté plutôt qu'une intention délibérée qui poussait Wanka vers ce sombre camarade. Et ce qui le retenait ensuite, c'était le fait que Rezek devinait toutes les questions qui l'avaient tourmenté depuis quelque temps et leur donnait, comme sans le vouloir, des réponses. Zdenko, d'ailleurs, ne voyait pas à quel point ces réponses dépassaient ses questions, et c'est ainsi qu'il arriva bientôt que, de toutes les forces de sa naïve sagesse et de sa pure jeunesse, il se mit aveuglément au service du véhément agitateur. Celui-ci ne devait pas manquer d'y trouver un avantage certain. La sévérité accrue de la police, l'histoire du roi Bohusch et quelques autres événements de caractère semi-politique avaient rendu la jeunesse prudente et méfiante. D'autre part, Rezek se voyait obligé, dans certains cas, de se servir de gens qu'il payait et qui, à la première occasion, pouvaient le dénoncer. Le rêve de l'homme sombre était donc de trouver des jeunes gens encore intègres et de bonne famille qui, persuadés du bon droit de leur entreprise, se consacreraient, de toutes les forces aveugles de leur volonté de libération nationale, à un but auquel lui-même ne croyait pas avec beaucoup de fermeté.

Au cours de leurs recherches communes — auxquelles Louisa prenait une part furtive — ils avaient découvert une petite auberge toujours déserte, perchée très haut sur le Hradschin. De sa fenêtre en saillie, ils contemplaient souvent la ville livrée aux feux vaporeux d'un couchant de printemps, incendiant les coupoles et les tours, et frappant çà et là, comme un éclair de folie, les yeux pensifs de quelques fenêtres. Tout le faix de ces crépuscules pleins de pressentiments reposait sur les trois jeunes gens ; alors l'énergique Rezek, qui redoutait beaucoup ces heures vastes et alanguies, se tournait vers la pensive jeune fille et disait d'une voix dure :

— Loïsinka, joue-nous quelque chose !

Et, du coin où était assise Louisa, s'élevaient les sons prolongés d'un harmonium, semblables à des coups d'ailes, et les simples mélodies populaires rendaient les trois compagnons encore plus silencieux et solitaires. La nuit s'épaississait autour d'eux, et il leur semblait qu'ils étaient pareils à ceux qui se quittent, qui se font encore des signes et pourtant ne se reconnaissent plus... Jusqu'à ce que le chant s'interrompît soudain et se fondît dans le silence tremblant de l'harmonium, tandis que Louisa éclatait en pleurs.

— Joue-nous quelque chose de plus gai ! ordonnait Rezek.

Mais Louisa ne savait que des chants populaires, et son frère disait :

— Notre peuple ne connaît pas d'airs joyeux.

Ses chansons préférées sont toujours près des larmes.

Rezek se mettait alors à arpenter la petite pièce d'un pas impatient, puis s'arrêtant enfin près d'une fenêtre, il disait :

— Notre peuple est encore dans l'enfance. Souvent, je me dis que notre haine pour les Allemands n'est pas du tout politique, mais plutôt, comme, dirais-je... humaine. Notre ressentiment ne provient pas de ce que nous sommes contraints de partager notre patrie avec les Allemands, mais de ce que nous grandissons sous la coupe d'un peuple adulte, et c'est cela qui nous rend tristes. C'est l'histoire de l'enfant qui grandit auprès de parents trop âgés. Il apprend à sourire avant d'avoir pu rire...

Ce soir-là, lorsque la servante eut allumé la lampe, Rezek s'assit dans le vieux fauteuil et commença à parler comme pour lui-même, ses mains jaunes et nerveuses pressées sur ses yeux :

— Quelle est l'utilité de tout cela ? Autrefois, lorsqu'on disait au peuple : « Tu es jeune », les hommes cultivés avaient honte. Et ils sont très vite devenus vieux, au lieu de mûrir. Au lieu de se réjouir de chaque jour présent, ils ont dû se faire un passé. Le manuscrit de Koeniginhof [1], traditions, certes ! Non contents de cela, ils ont été

1. Le plus ancien manuscrit de la littérature tchèque (VIe, IXe siècle), découvert en 1817.

chercher une culture à l'étranger, et précisément là où elle est la plus achevée, en France. Le résultat, c'est qu'entre les Tchèques cultivés et le peuple, il y a des siècles. Ils ne se comprennent plus. Nous n'avons que des vieillards et des enfants sous le rapport de la culture. Nous avons en même temps nos débuts et notre fin. Nous ne pouvons pas durer. C'est cela notre tragédie, et non pas les Allemands.

Louisa remarqua l'effroi qui se peignait sur les traits de son frère pendant cette confession. Il paraissait se contenir à grand-peine, toutes ses ardeurs rassemblées comme pour bondir.

Rezek ne voyait rien, il paraissait s'éveiller d'un mauvais rêve, et l'accent énergique de sa voix semblait vouloir rappeler tout le passé. Il projeta ce soir-là les plans les plus téméraires ; il envisagea toutes les possibilités de réalisation avec une telle acuité de pensée et une telle décision, il parut distinguer si clairement les buts de son infatigable action d'agitateur, que Zdenko fut entièrement repris par son influence.

Cependant, cette soirée marqua pour le jeune homme le début d'une dure lutte intérieure. Il s'était senti fort et fier de sa mission tant qu'il avait cru combattre pour un peuple jeune et sain, et voici qu'il apprenait que ce peuple souffrait d'une division intime et désespérait de lui-même. Et cela lui faisait perdre tout courage et toute joie. C'était l'aventure du lieutenant téméraire qui se lance à la tête de son escadron dans les rangs d'un ennemi très supérieur en nombre : il comprend soudain que la défaite des siens est déjà décidée et ce qui, l'instant précédent, lui apparaissait une action héroïque n'est plus qu'un sacrifice désespéré et inutile. Le pauvre jeune homme sent en un éclair tout ce qu'il porte en lui de neuf, d'inemployé, d'unique, tout ce qui ne pourra plus se réaliser, tout ce qui aspire encore à fleurir et appelle un nouveau printemps. Les grands mots d'ordre clairs de l'enthousiasme national avaient perdu leur éclat pour Zdenko, et plus d'une fois il échappa des ardentes réunions secrètes pour se jeter dans les rues nocturnes, où il errait sans but, au-devant d'une aube incertaine. Mais la personnalité de Rezek exerçait sur lui une emprise telle qu'au milieu de ses songeries découragées il se reprenait toujours à espérer de lui quelque solution nouvelle ; et il n'osait jamais confier ses doutes croissants à son noir compagnon. Il n'en soufflait mot à personne. Dans les yeux de sa mère il lisait une question anxieuse, mais il espérait l'apaiser à force de tendresse véhémente. Il se penchait avec plus d'intime attention sur sa sœur, cherchant à se retrouver lui-même dans ces instants furtifs de pur amour.

Mais Louisa commença bientôt à deviner le déchirement de son âme. Elle ne savait rien encore de cette infidélité naissante à son œuvre, et de la charge qu'était devenu pour lui le devoir qu'il s'était assigné. Mais elle voyait qu'il tirait sur quelque chaîne cachée, et elle pensait qu'il cherchait à se libérer de l'emprise de fer de Rezek, pour y retomber d'ailleurs chaque fois, faible et craintif. Depuis longtemps, la figure de cet homme l'obsédait, elle aussi. Elle retrouvait son image dans toutes ses pensées et ne s'en étonnait même plus. Il lui semblait que sa place y était naturelle, comme celle d'un crucifix dans une cellule. Et elle ne pouvait pas non plus l'empêcher d'envahir ses rêves, où il finissait par se confondre avec le Prince du bal masqué : il ne s'appelait plus Rezek, mais Jules César. Il arrivait quelque chose d'étrange à la jeune fille. Certaines scènes des années lointaines, des rêves à demi oubliés, des formes et des mots bizarres qu'elle avait entendu prononcer par son frère, et quelque autre chose qu'elle ne parvenait pas à s'expliquer, tout cela l'environnait comme un monde de phantasmes, où toutes les lois et tous les devoirs étaient changés. Elle ne parvenait plus à distinguer la réalité de ses rêves, et tous les incidents de la vie quotidienne lui apparaissaient sous les couleurs de la fête sanglante de Krummau, le plus profond et le plus bouleversant de ses souvenirs. Elle vivait maintenant parmi ces apparitions silencieuses et solennelles, et sentait toujours plus clairement qu'elle aussi avait son rôle à tenir dans cette ronde mystérieuse. Des journées entières, elle restait assise à la fenêtre, un ouvrage oublié sur ses genoux, contemplant d'un regard vague les hauts murs nus de l'église de Malte, et elle songeait : « Quel rôle ? Qu'on me dise lequel... »

L'été s'avançait lentement, paresseusement, vers la fête de l'Assomption. Une lourde tristesse pesait sur les Wanka. Le mal du pays, que ces quatre êtres avaient presque oublié, leur était revenu sous une forme imprévue. Ce n'était plus une nostalgie du passé ; mais dans leurs chambres étouffantes, derrière leurs fenêtres aux lourds rideaux, ils rêvaient au village d'été tout aéré, si proche des fraîches forêts. Ils rêvaient aux clairs chemins champêtres sur lesquels les jeunes arbres fruitiers jettent une ombre émouvante de légèreté, et l'on y marche comme sur une échelle, d'un barreau à l'autre. Ils rêvaient aux lourds champs de blés mûrs qui, vers le soir, commencent à ondoyer largement, et aux bocages environnant d'un sombre silence des mares dont personne ne connaît la profondeur. Et chacun des quatre songeait aussi à une certaine insignifiance d'autrefois, dont le court bonheur, en ce temps-là inaperçu, avait été préservé dans leur souvenir. Nostalgie d'autant plus douloureuse qu'elle ne s'attachait point à quelque chose d'inaccessible et d'à jamais perdu ; car chacun d'eux sentait que le joyeux été de leur pays les attendait, et s'attristait de ne voir venir personne. Pour s'en rapprocher un peu, tout au moins, l'on faisait de petites sorties le long de la Moldau. La veuve du forestier croyait facilement au mensonge bienveillant et campagnard des petits bois, en arrière de Küchelbad, et se sentait envahie par l'imperceptible gaieté propre aux vieilles gens qui ont beaucoup travaillé. Elle demeurait silencieuse et absorbée en elle-même, souriant à peine, mais les petites rides autour de ses lèvres s'effaçaient et cela donnait à son visage quelque chose de jeune et de rayonnant qu'elle n'avait peut-être jamais possédé, même lorsqu'elle était fiancée. Elle ne remarquait pas combien rarement Zdenko levait les yeux de son sentier pour regarder la campagne lumineuse, et avec quelle rapidité se fanaient les fleurs dans les mains brûlantes de Louisa. La vieille Rosalka s'obstinait à demeurer enfermée à la maison ; elle disait en parlant de l'été : « Non, s'il ne vient pas à ma rencontre, je ne veux pas lui courir après ! » Et elle s'asseyait à la fenêtre de sa cuisine, avec un vieux livre de prières, s'endormant bientôt sur sa piété.

Seul, Rezek ne paraissait pas subir le poids de ces journées poussiéreuses. Il demeurait infatigable et même, dans les derniers temps, une gaieté arrogante s'était emparée de son être, d'une manière incompréhensible pour Wanka. Celui-ci ignorait que Rezek devenait toujours plus pétulant lorsque le danger s'approchait de lui et qu'une menace se précisait sur son action secrète. Il prenait ce changement pour un signe de succès.

Ses derniers doutes s'évanouirent, lorsqu'un soir, au terme d'une promenade qu'ils avaient faite à trois, selon leur ancienne coutume, Rezek proposa de s'arrêter au *Vitarka*, vieille petite auberge située en face de la cathédrale de Saint-Guy. Ils s'assirent à une table obscure, dans une des pièces du fond, et trinquèrent avec du Melniker authentique. L'étudiant but sans retenue, et sa gaieté devint si bruyante que les quelques autres clients — c'étaient des laquais de l'évêché — se virent contraints d'y prendre part. Rezek raconta la légende de la « comtesse du pain » qui est censée hanter le palais Czernin. Il glissait des plaisanteries sarcastiques aux moments les plus passionnants de son récit et déformait ainsi d'une manière surprenante et étrange l'effet de ses paroles. Çà et là, d'autres histoires se réveillaient (elles flottaient dans tous les recoins de la pièce crépusculaire) et il se trouva que Zdenko fut amené à conter avec brio la légende de Krummau et de Jules César.

— En somme, ce serait à toi de la raconter, avait-il commencé par dire à Louisa.

Mais elle avait secoué la tête et élevé son verre à ses lèvres, où elle l'avait longuement pressé. Elle aspirait son vin, la bouche presque fermée, ses grands yeux fixés sur le breuvage dont le reflet rouge colorait son étroite figure.

Soudain Rezek s'écria :

— C'est comme vous le dites. Étrange. N'y a-t-il pas une ressemblance entre notre époque et celle de la guerre de Trente Ans ?

Quelque chose tressaillait dans sa voix. Zdenko et les autres rirent. Mais Louisa leva lentement sa coupe et regarda l'étudiant avec frayeur.

Plus tard, tandis qu'ils rentraient par la vieille rampe du château, Rezek s'arrêta devant un porche à la voûte ornée d'armoiries et demanda :

— Êtes-vous jamais entrés là ?

Le frère et la sœur dirent que non.

— Vous ne connaissez donc pas la Dalikorba ? Vous devriez avoir honte.

Déjà, il poussait la petite porte à côté du porche, et Louisa qui l'avait rejoint aperçut une cour bien entretenue, protégée par des murailles claires qui conservaient la chaleur de l'après-midi. Une petite vieille les salua du seuil de la maison, chassa un essaim de poules devant elle et fit signe aux visiteurs de la suivre. Zdenko passa le premier, puis Rezek et enfin Louisa, car le sentier était très étroit. Louisa n'était pas sans crainte et regardait tout autour d'elle de ses yeux brillants. Il y avait là un ridicule petit jardin potager dont on eût vite compté les têtes de choux et les plants d'asperges ; au milieu s'élevait un robuste pommier qui semblait présenter ses petits fruits rouges à la ville en train de s'éteindre au loin. Quelques marches couvertes d'une épaisse végétation conduisaient à un coin obscur et humide de la terrasse, un peu plus bas, et là croissaient des buissons de roses sauvages dont les branches refusèrent de livrer passage à Louisa. Rezek s'arrêta, et la jeune fille entendit la voix de Zdenko qui disait :

— C'est donc là la fameuse Tour de la Faim, où le chevalier Dalibor apprit à jouer du violon pour tromper sa nostalgie ? C'était bien ici ?

— Oui, répondit Rezek, mais je suis persuadé qu'il avait déjà touché un violon auparavant. La nostalgie chante rarement.

Ils arrivèrent devant la porte lourdement ferrée de la tour grise. Louisa leva les yeux et vit que les épaisses murailles n'étaient qu'en partie recouvertes par un toit récemment construit. Sur la partie libre des créneaux, auprès d'une touffe de chardons, s'élevait un jeune acacia, qui dressait son pâle feuillage sur le ciel clair. Ce fut la dernière image du jour. Le soir devenait de plus en plus humide, et l'air lourd faisait comme un voile devant les yeux de la jeune fille. « Est-ce qu'elle nous suit ? » demanda l'étudiant. Sa voix résonnait, rude et étrange, dans les profondeurs indéfinies de la voûte, et Louisa ne put rien répondre. Retenant son souffle, légèrement effrayée, elle tâtonnait le long des parois glacées, et ne se sentit rassurée que par le reflet rougeoyant d'une lumière qui venait de la salle supérieure. Elle trouva les deux hommes et la vieille, penchés au milieu de la pièce sur quelque chose ; une lampe fumeuse vacillait au bout d'une corde juste au-dessus de leurs têtes. La lumière commença à s'abaisser, glissant avec un crissement aigu, fut une seconde au niveau de leurs visages, qu'elle éclaira d'un reflet cru, s'enfonça jusqu'à leurs pieds et disparut lentement dans une ouverture du sol, au-dessus de laquelle on ne vit plus qu'un reflet palpitant par instants. Louisa se pencha à son tour et vit la lampe, toute petite, descendre dans une seconde salle, au-dessous de laquelle on croyait en distinguer une troisième, encore plongée dans l'obscurité. Elle fit un « Oh ! » Zdenko saisit sa main moite et tremblante : « Attention, Louisa ! »

Et la vieille se mit à raconter quelque chose, d'une pauvre voix monotone qui semblait avoir peur des parois humides et bourdonnait en cercles craintifs autour de leurs quatre têtes.

— Les nouveaux, dit-elle, très bas et mystérieusement comme s'il se fût agi d'un souvenir personnel qu'elle eût confié pour la première fois, les nouveaux qui descendaient là recevaient un morceau de pain et une cruche d'eau. Oui, et avec cela, ils devaient se sustenter, et ils étaient forcés de s'asseoir là, près de ce trou, et de regarder celui qui était au-dessous depuis une semaine déjà — ou deux, cela dépendait, — il y a des hommes qui ont tant de résistance ! — et qui mourait lentement de faim. Et ensuite, lorsque c'était la fin, on les descendait là au fond...

— Au bout de cette corde ? fit Zdenko.

La femme ne se laissa pas interrompre.

— On les descendait, et il leur fallait d'abord pousser le mort, je veux dire celui qu'ils avaient vu mourir de faim, dans ce trou que vous voyez là.

Tous se penchèrent en avant.

— Souvent, ils ont dû dévorer à moitié le prédécesseur ! ricana Rezek, cruellement.

— Ça se peut bien, grogna la vieille, et elle poursuivit son boniment.

Louisa s'appuyait contre son frère.

— Est-ce profond ? demanda-t-elle.

— Très profond.

— Et personne ne peut en remonter ?

— Non, expliqua Rezek. C'est comme une bouteille, étroit vers le haut, et toujours plus large à mesure qu'on descend. Il n'est guère possible de regrimper. D'ailleurs, c'est le meilleur traitement possible pour les goinfres, aujourd'hui encore.

Louisa l'entendit rire. La gardienne fit remonter la lampe, puis s'avança dans la salle. Les hommes la suivirent. Le reflet furtif d'une allumette découvrait çà et là des niches et des couloirs insoupçonnés qui, l'instant d'après, semblaient de nouveau s'anéantir. On commença à se tâter au hasard les uns les autres dans l'obscurité. La lumière, au-dessus du puits, vacillait davantage, et le cercle d'ombre, tout autour, parut s'éveiller, s'agrandir et développer des formes inquiétantes à la rencontre de Louisa. Elle reconnaissait de plus en plus nettement des couples. Ils se rangèrent pour une danse tumultueuse, et bientôt surgissant de la ronde apparut à ses yeux stupéfaits un personnage isolé : Jules César.

Il était muet et noir. Le cœur de Louisa battait dans sa gorge. Épouvantée, elle abaissa ses regards, et voici qu'ils s'enfonçaient et plongeaient dans une profondeur infinie. Elle sut qu'elle était au bord de la tour. C'était donc elle, la demoiselle en bleu. Elle sentit, au froid qui la pénétrait, qu'elle était dévêtue, complètement. Elle se tâta de ses doigts tremblants et ne toucha que sa nudité. Puis elle leva les yeux : il n'y avait au-dessus d'elle que la nuit sans étoiles. Et voici qu'il se tenait auprès d'elle, presque devant elle, tout près de l'abîme. La jeune fille en bleu allait se venger : cette fois, ce serait lui ! Elle leva la main, sans savoir ce qu'elle faisait, et la porta droit sur lui — jusqu'à toucher ses épaules — mais à l'instant de ce contact terrible elle l'agrippa sauvagement, l'attira en arrière, contre elle, sentit son corps et, dans une béatitude inconnue, profonde, tremblante, perdit conscience.

Il semblait bien qu'au bout du compte la morose Rosalka dût avoir raison, elle qui avait toujours estimé que les efforts de Zdenko et le désir orgueilleux de sa mère n'étaient que vanité et péché. N'était-ce point par pure vanité que le jeune homme avait changé trois fois de logement en trois semaines ? Il avait passé de sa petite chambre, donnant sur les murs de l'église de Malte, à la prison préventive, de là à l'hôpital et finalement au cimetière de Wolschan, où sa mère lui avait acheté un petit coin de terre long de trois pas et large de deux. Il n'en voulait pas davantage. Et tout cela était arrivé si vite que la vieille dame, avec son entendement ralenti, n'arrivait pas à s'y retrouver dans ce brusque changement de condition ; elle ne pouvait que branler du chef, perpétuellement préoccupée par cette étrange et minuscule propriété de campagne, comme si elle n'eût pas réussi à concevoir que le nouveau propriétaire s'y plaisait. Elle en oubliait le travail et le manger, et retournait tous les deux jours voir le médecin de l'hôpital qui finissait, de guerre lasse, par expliquer une fois de plus à la vieille mère que c'était un cas de pneumonie à issue fatale, et ajoutait qu'avec ce temps d'automne impossible il ne fallait pas s'en étonner. Quand Mme Wanka, presque mise à la porte par le médecin impatienté, sortait dans la grisaille humide et brumeuse, elle se proposait chaque fois de considérer avec attention le temps qu'il faisait, pour arriver à mieux comprendre ce qui se passait. Mais une fois dehors, elle se hâtait de rentrer, en rasant les murs et sans regarder les passants, et arrivait hors d'haleine à son logis, où elle trouvait Louisa toujours à la même place, les yeux brûlants et secs, les mains fiévreuses. Elles restaient là assises l'une en face de l'autre, sans allumer la lampe, sans rien se dire, très loin l'une de l'autre, jusqu'à ce qu'il fît si noir qu'elles oubliassent la présence de l'autre. De temps à autre, l'une des deux se levait et allait sur la pointe des pieds, comme pour ne pas être remarquée de l'autre, dans la chambrette abandonnée et poussiéreuse de Zdenko. Elle entrait avec circonspection. Et lorsqu'elle trouvait la table à écrire vide et le lit couvert, s'éteignait enfin sur ses lèvres tremblantes le sourire égaré d'un espoir sauvage, toujours renaissant. Celle qui était restée dans la grande chambre épiait : elle entendait la porte s'ouvrir. Puis c'était dans la chambre abandonnée de longs sanglots angoissés, sans espoir. Enfin un samedi soir la vieille Rosalka nettoya la petite chambre à fond, la ferma et garda la clef sur elle. Mais les sanglots ne cessèrent pas. Ils remplissaient pendant la journée les deux autres chambres et semblaient, la nuit, errer à travers toute la maison, à tel point que les enfants ne voulaient plus s'endormir. Même les adultes laissaient brûler la lumière jusqu'au matin ; tous, dans la vieille maison, éprouvaient le besoin de voir chaque recoin de la pièce où ils étaient et se réjouissaient en secret lorsque le jour pluvieux revenait frapper à leurs vitres. A ceux qui se plaignaient, la servante Rosalka jurait sur son âme et son honneur qu'on ne pouvait rien y faire, sinon répandre de l'eau bénite et dire des *Pater* ; c'était ainsi que cela se passait, toutes les fois qu'un homme mourait avec des désirs mondains dans le cœur, et sans avoir trouvé le calme et la résignation convenables. On disait donc des prières en épluchant des betteraves et en lavant la vaisselle ; les voisins priaient et la revendeuse, sous son porche, priait aussi. Et l'on répandait de l'eau bénite derrière les deux femmes, qui traversaient les corridors et le vestibule de ce pas lent et rythmé qu'elles avaient appris en suivant le corbillard. Mme Wanka sortait souvent, parcourait rapidement quelques rues, pour rentrer bientôt sans raison. Mais Louisa ne bougeait pas de sa place. Elle n'avait plus d'imaginations fantastiques et, dans ses rêves, toutes les couleurs étaient ternies, comme les journées au-dehors. Souvent elle comptait les gouttes de pluie sur les vitres et tendait l'oreille : il lui semblait entendre la rumeur d'un fleuve roulant des paroles innombrables, brisées, incompréhensibles, et elle pensait : « C'est comme après une inondation. » Puis elle tressaillait toute subitement, comme si quelqu'un l'avait appelée, et elle recommençait à compter les gouttes qui glissaient sur les vitres.

Ainsi arriva la Toussaint. Ce jour-là les larges rues de la ville neuve ont un air de méditation. Dans les élégants magasins de fleurs on expose des couronnes luxueuses, et les fleurs exotiques ne peuvent plus sourire. Les cases d'affiches des spectacles sont vides sur les colonnes publicitaires, et seul le Théâtre national annonce la représentation d'un drame lugubre : *Le Meunier et son fils*. Aux vitrines des magasins d'art, on a placé devant les estampes anglaises des photographies sombres et des illustrations pour la chanson triste de Hermann von Gilm : « Mets sur la table les résédas parfumés… » Très tôt les lampes sont allumées sur les places brillantes de pluie et sans discontinuer défilent des fiacres portant de grandes couronnes ou des palmes sur le siège du cocher et sur la capote. A la lanterne arrière des voitures de tramway on a suspendu une guirlande de sapin, ou même une couronne en fil de fer qui ne fait pas ce voyage pour la première fois ce jour-là. Des lampes à arc d'une hauteur incroyable brillent déjà au-dessus du cimetière de Zizkov, comme autant de lunes tristes, et devant les portes du champ des morts, sans cesse agrandi, se presse une foule de gens en pleurs, qui se hâtent vers leur but avec une sombre nostalgie, portant à la main quelques fleurs à demi fanées ; de gens irrités qui ne comprennent pas la hâte de la douleur ; de gens indifférents, ou solennels, ou qui rient, ou qui observent simplement ; et bien d'autres encore. Les allées sont rétrécies par les kiosques de vente indiscrets, et les enfants du long cortège s'accrochent aux étalages de gâteaux et de jouets et provoquent sans cesse de nouveaux arrêts. Parmi la foule et au-dessus d'elle, flotte une lourde exhalaison de fleurs tristes et fatiguées, de pétales fanés, de terre humide de pluie et de vêtements mouillés, jusqu'à ce qu'on arrive aux vastes jardins illuminés. Là, les masses se divisent dans les différentes allées. Mais très peu sont vraiment pressés d'arriver à la tombe qu'ils viennent orner. Ils tiennent d'abord à voir les autres tombeaux dans leur parure de fête et se plaisent à s'attarder auprès des caveaux des grandes familles, à lire des noms bizarres et très longs, à contempler les fleurs sous lesquelles le marbre précieux disparaît. Puis ils essayent de distinguer l'intérieur des caveaux où resplendit un autel devant lequel depuis deux jours déjà une vieille femme décatie s'efforce de faire entendre à des morts parfaitement inconnus des *Pater* et des *Ave* bien payés par leurs descendants. Le spectacle de ces illuminations confère aux visages des passants une expression inconsciente de joie, qui contraste étrangement avec celle de quelques êtres blessés et sombres qui s'arrêtent tristement au bord du chemin, devant une tombe, repoussant avec une impatience aveugle un badaud, et celui-ci pense : « Ces corbeaux, que viennent-ils faire ici ? »

Au cimetière de Wolschan, on se sent plus libre et plus seul. Il y a plus d'espace aussi, car une partie seulement de l'enclos est creusée de tombes ; le reste du terrain, bien arrosé et sain, paraît annoncer des récoltes prochaines, et ses forces inemployées ont donné naissance à un jardin touffu, sauvage, absurde.

Cela formait un bon voisinage pour le pauvre Zdenko Wanka, dont la tombe fermait encore la lignée la plus proche du mur de gauche, comme si personne n'avait osé mourir après lui dans la grande ville pleine d'abîmes. Les deux femmes solitaires, la mère et la fille, lui tenaient compagnie, comme elles l'avaient déjà fait la veille, et Rosalka venait de temps à autre raconter à leur douleur sourde les merveilles et l'éclat des autres tombeaux. Le tertre sous lequel reposait Zdenko n'était pas aussi bien orné qu'il eût convenu, en dépit d'une profusion de giroflées, d'asters et de myosotis, car le gazon n'avait pas eu le temps de croître. La tombe semblait vouloir se dissimuler timidement, comme quelqu'un qui se trouve pour la première fois dans une société dont il ne connaît pas encore les usages. Les deux visiteuses, elles aussi, avaient peine à trouver le langage qui convenait pour communiquer avec celui qu'elles avaient perdu, de telle sorte que le premier jour de fête de Zdenko risquait de se passer bien tristement. Mme Joséphine ne pleurait plus. Elle s'était assise sur une de ces banquettes de bois que l'on place au pied des tombes et semblait avoir oublié que le soir d'automne, étrange et humide, s'appesantissait sur elle. Louisa, qui paraissait encore plus fluette dans sa robe de cachemire noir, observait sans bien s'en rendre compte la scène qui se déroulait a'près d'une tombe voisine. Un homme maigre et désolé avait déposé sur la pierre une petite lampe bleue et un bouquet de muguet avec des gestes hésitants, d'une émouvante tendresse, qui faisaient songer à la grâce un peu gauche d'un jeune amoureux. Mais comme il se relevait et pressait contre ses vêtements de dimanche mal coupés son petit enfant qui pleurait, il interrompit brusquement son geste, et une mélancolie frémissante et désespérée le ploya. Il luttait contre elle et cherchait le regard de son enfant, peut-être pour y retrouver celui de sa mère, ou pour y puiser un peu d'espoir. Mais l'enfant pleurait...

Un groupe de jeunes gens en costume national s'interposa en ce moment entre l'homme et Louisa. C'étaient pour la plupart des étudiants, amis et camarades de Wanka, et ils venaient saluer d'ovations politiques et de chants les tombes de leurs grands hommes et de leurs compagnons, afin de les élever en ce jour au-dessus de la loi d'égalité qui règne dans ces murs. La résistance que les autorités opposaient chaque année à leur entreprise expliquait le caractère plus provocant que respectueux de cette manifestation. Leur impétuosité juvénile ne pouvait pas se contenter d'un silencieux hommage d'amour. Ils se rangèrent donc auprès de la tombe de Wanka pour entonner leurs chants de combat et rappeler, à celui qui maintenant était entré dans la grande Réconciliation, ses jours de lutte. Ils pensaient que leur fidèle compagnon — car Wanka était mort fidèle — aimerait ce témoignage de la persévérance de ses frères d'armes et se retrouverait ainsi, pour un moment, parmi eux, tandis qu'ils exprimeraient sur sa tombe ses propres paroles et ses espérances. Cependant, au moment de donner le signal du chant, le groupe des jeunes gens se disloqua dans un sourd murmure. Une sorte de honte soudaine les avait envahis, à l'idée de clamer leurs chants rudes en présence de la profonde et grave douleur de ces femmes endeuillées, et le sentiment de l'éternité réduisit les meilleurs d'entre eux au silence. Ils déposèrent une grande couronne à laquelle étaient épinglées leurs cartes de visite ornées d'immortelles, un peu en avant de la tombe, comme s'ils eussent éprouvé que celui qui reposait là, et qui avait marché avec eux la main dans la main, ne leur appartenait plus totalement et leur échappait, au moins par ses secrètes nostalgies.

Rezek était resté en arrière du groupe. Droit et grave, les bras croisés, le visage dur et pâle, il se tenait penché, dans une attitude méditative. Peut-être était-il le seul à penser que Zdenko était mort de la destruction de sa joie, bien qu'il fût lui-même le moins capable de comprendre cela. Rezek avait une âme de Savonarole ; il allumait çà et là dans le pays des bûchers, et il se trouvait des jeunes êtres crédules et pleins de foi pour venir jeter dans les flammes leurs richesses et leurs joies, leurs rires, leurs nostalgies. Ce fanatique avait besoin de sentir derrière lui une armée d'hommes ayant renoncé à tout, car il savait qu'il n'est pas d'arme plus puissante que le désespoir. Et sa loi trouvait des disciples dans ce peuple slave plein de mollesse, qui se perd soi-même et se renie en perdant ses trésors de sentiment.

Louisa, elle aussi, avait déposé aux pieds de Rezek tout ce qu'elle possédait de sa rêveuse enfance. Il ne l'avait pas même remarqué, parce qu'elle ne lui apparaissait pas comme un compagnon de lutte digne d'être gagné. A ce don total Louisa avait ajouté quelque chose d'obscur, de douloureux et bienheureux à la fois, et qu'elle n'aurait pas su nommer : c'était le premier et tout tremblant amour de la jeune fille.

Lorsqu'il s'approcha ce soir-là de Louisa, il éprouva peut-être pour la première fois qu'il ne se penchait pas sur une enfant et, sans le vouloir, ce fut une femme que ses regards saluèrent. Mais Louisa ne le comprit pas. Il lui parut lointain, comme toutes choses à ce moment-là. Et du même regard il prit congé d'elle, s'inclinant plus profondément que la jeune fille ne le lui avait jamais vu faire, et s'en alla. Il faisait déjà presque nuit, Louisa ne put le suivre, de ses yeux pleins de larmes, au-delà des croix les plus proches.

Pendant la nuit qui suivit le jour de la Toussaint, il n'y eut plus de sanglots dans la maison voisine de l'église de Malte. Avant que le jour fût clair, Mme Joséphine se leva, se vêtit avec plus de soin que d'ordinaire et vint annoncer à sa fille qu'après tant de lundis d'absence, elle allait retourner chez les Meering. Louisa la regarda avec un faible étonnement. La voix de sa mère lui parut rendre un son inconnu, lorsqu'elle ajouta qu'elle n'avait pas du tout l'intention d'abandonner une maison aussi distinguée, et qu'elle serait heureuse que Louisa vînt la chercher, pour se rappeler au souvenir de la famille du colonel. Puis elle sortit. Et toute la maisonnée, pétrifiée d'étonnement, la regarda s'en aller du même pas énergique qu'elle avait d'ordinaire avant le malheur. Ce rapide redressement, après des semaines d'abandon extrême, offrait effectivement quelque chose de surprenant et d'inquiétant. Mme Joséphine devait avoir retrouvé, pendant les deux jours passés auprès de la tombe de Zdenko, des réserves d'énergie oubliées depuis des années. Et l'on vit bien qu'elle savait désormais en tirer parti, à ce seul trait que Mme von Meering crut pouvoir juger sa douleur insuffisamment profonde et sincère. Elle s'attendait à voir une femme brisée, et elle la trouva raidie dans sa résistance. Elle se fût volontiers montrée émue et pleine de compassion en présence d'une douleur éloquente, et elle ne voyait devant elle que ce que l'on peut appeler, dans le meilleur des cas, un chagrin muet. Elle en fut profondément déconcertée. A ce sentiment de gêne, se mêlait une vive curiosité d'apprendre, à la source la plus directe, ce qu'il y avait de vrai dans certains bruits qui couraient. Le colonel avait rapporté de son cercle des échos des plus inquiétants, des racontars où revenaient tous les mots d'ordre politiques des dernières années, à tel point que lui-même et son épouse se demandèrent s'il était convenable de recevoir dans leur maison les membres d'une famille qui affichait aussi publiquement sa qualité de tchèque. Un grave conseil de famille fut tenu à ce sujet, et l'on y pesa très soigneusement le pour et le contre sans aboutir à une solution bien nette. La mort du jeune dévoyé rendit l'humeur du vieux militaire encore plus méfiante et fit enfin pencher la balance en faveur de la sage décision suivante : seule la mère qui, pour sa part, était parfaitement convenable et distinguée, au reste veuve d'un forestier de prince, garderait ses entrées dans la maison Meering von Meerhelm, à condition toutefois que ladite veuve n'y entretînt de rapports intimes qu'avec le linge fin, lequel, à son tour, provenant de Rumburg, se trouvait immunisé contre toute influence tchèque, de même que la couronne de noblesse à cinq pointes des von Meerhelm (depuis dix ans) l'assurait contre toute influence démocratique. C'est ainsi que Mme Joséphine avait trouvé chez les Meering un accueil des plus cordial, et que l'on avait considéré comme allant de soi qu'elle reprît son travail du lundi. Mme von Meering n'abandonnait d'ailleurs pas tout espoir d'en apprendre davantage un jour ou l'autre. Elle s'était sentie offensée de ce que l'occasion ne s'en fût pas présentée dès la première fois. Elle ne pouvait s'empêcher d'assurer la veuve, sur le ton le plus innocent, de sa profonde sympathie à l'occasion d'un malheur « que les circonstances particulières dans lesquelles il s'était produit devaient rendre d'autant plus douloureux ». Cette dernière remarque jetée en passant, d'un air entendu, impressionnait beaucoup Mme Meering elle-même : elle la considérait comme une attaque particulièrement habile contre « l'ingrate dissimulation de ces gens ».

Quant à Mme Wanka, elle n'avait prêté attention ni à la déception de la colonelle, ni à son allusion vengeresse ; elle avait bien assez de sujets de préoccupation en ces jours-là, et les résultats de sa méditation constante commençaient à se manifester coup sur coup à un rythme accéléré. Ce furent tout d'abord deux petites insertions, dans un journal tchèque et dans un journal allemand, qui offraient à un jeune homme « convenable » une petite chambre calme et bien meublée, dans un quartier tranquille. La personne désireuse de vérifier ces promesses eût été conduite par ses recherches à la petite place de l'église de Malte, où elle eût questionné la revendeuse de l'arcade numéro 87 *bis,* dont elle eût reçu des explications abondantes et détaillées : c'était au troisième, chez les Wanka, et si les Wanka cherchaient à louer leur chambre à un jeune homme, c'était sans doute parce qu'ils avaient eu récemment d'incroyables malheurs. L'on se voyait gratifié de détails plus ou moins complets sur l'histoire des Wanka, selon que l'on apparaissait plus ou moins jeune et « convenable » à la vieille bavarde de l'arcade obscure. Nous ignorons dans quelle mesure Ernest Land avait été informé par la revendeuse, lorsqu'un jour de novembre il manqua par deux fois de se casser le cou en gravissant le fameux escalier tournant du 87 *bis*. Après avoir frappé en vain à plusieurs portes, que l'on verrouillait avec indignation dès que l'on percevait son accent allemand, il se trouva finalement devant la servante Rosalka, qui le considéra avec une méfiance profonde. Au premier coup d'œil, elle sut qu'il ne lui plaisait pas. Il était « trop allemand » pour elle. Elle éprouvait de temps en temps ce sentiment en présence d'un être humain, sans d'ailleurs se rendre compte exactement de la cause — excès ou défaut ? — qui le provoquait. Elle chercha le regard du jeune homme derrière les verres ternis de son pince-nez, ne le trouva pas, et se fit répéter deux fois la question qu'il lui posait en allemand, bien qu'elle l'eût parfaitement comprise. Elle ne s'amadoua un peu que lorsque le jeune homme eût raconté dans un tchèque bizarre et difficultueux une histoire de chambre qui devait être en location quelque part. Depuis cinq jours déjà, Land répétait cette explication de porte en porte, et il était excédé par toutes les odeurs de cuisine et les malédictions qu'il avait dû subir au cours de ses recherches. Mme Wanka, avec laquelle il put s'expliquer en allemand, n'élevant pas de prétentions exorbitantes, et la chambre de derrière lui paraissant tranquille et supportable, il décida de rester.

— Je ne fais aucun bruit, assura-t-il d'une voix quelque peu anxieuse à la fin de l'entretien, et je ne vous dérangerai pas. Je suis très occupé pendant la journée et le soir, mon Dieu, je lis un peu et...

— Je vous en prie, répliqua Mme Wanka, un peu embarrassée, elle aussi.

Et sur le seuil elle se retourna avec hésitation :

— Pardon, monsieur, puis-je vous demander ce que vous faites ?

— De la pharmacie, dit le jeune homme tristement, les yeux fixés sur les murs de l'église de Malte.

Les Wanka et le jeune commis de pharmacie ne se causaient réellement aucun dérangement réciproque. Ils se voyaient à peine. Louisa évitait de rencontrer le jeune homme. Elle souffrait trop de voir entrer un étranger dans la chambre de Zdenko et ne comprenait pas comment sa mère avait pu prendre cela sur elle. D'ailleurs, d'une façon générale, elle ne comprenait plus sa mère depuis que celle-ci, un soir, lui avait tenu un long discours où il était beaucoup question du danger de ne rien faire, et davantage encore du devoir et du travail. Et lorsque Louisa s'était enfin à peu près décidée à chercher du travail dans un magasin ou dans une maison privée, il s'était produit quelque chose de très étonnant.

— Il te faut trouver mieux, ce ne sont pas là des occupations dignes de toi — avait répliqué la veuve — j'aurais dû y penser plus tôt. Pourquoi as-tu pris des leçons de piano à Krummau ? Tu étais assez avancée. En français aussi. Si tu n'avais pas négligé tout cela depuis notre arrivée à Prague, tu serais capable de donner des leçons, aujourd'hui.

— Donner des leçons ? fit Louisa interloquée.

— Parfaitement. Madame la colonelle me disait encore, l'autre jour, qu'elle aurait une belle situation pour toi, si seulement tu étais capable de te débrouiller un peu avec des enfants et de leur enseigner des rudiments de français...

Louisa ne comprit pas la suite, c'était trop neuf et trop surprenant pour elle. Mais souvent le soir, quand sa mère faisait ses comptes à la cuisine avec Rosalka, elle s'asseyait à moitié déshabillée sur le bord de son lit, joignait les mains et redisait sa première prière d'enfant. Elle se sentait bien fatiguée et toute petite, et les chères paroles pâlies de sa prière lui faisaient croire qu'elle était encore une enfant, une petite et blonde enfant. Alors elle désirait sentir la présence d'une puissance fidèle et protectrice ; elle rêvait d'anges aux larges ailes dorées.

Cependant, tout s'était passé selon la volonté de Mme Wanka. Louisa prenait ses leçons de musique et de français plusieurs heures par jour, et ses maîtresses assuraient qu'elle faisait de rapides progrès. Elle-même n'en savait rien. Elle comprenait peu à peu qu'elle avait possédé un jour — il y avait bien longtemps — certaines choses merveilleuses, féeriques, et que tout ce qu'on lui offrait à la place était pauvre et froid, sans aucune beauté. Elle vécut ainsi tout un hiver, résignée et muette, sans que nul changement survînt, sinon qu'elle pâlissait et maigrissait encore. C'était à peine si l'on entendait encore son pas, et bien souvent elle fit grand peur à l'un des enfants de la maison en apparaissant au milieu de l'escalier sans qu'une seule marche eût craqué. L'enfant s'enfuyait en criant lorsqu'elle tendait vers lui sa main pâle, pleine d'une craintive tendresse.

Ainsi passèrent des jours en apparence très calmes ; chacun faisait son devoir sans déranger personne. Et cependant une lutte secrète, impitoyable, se livrait entre la veuve active et agitée, dont l'énergie croissait de jour en jour, et la patiente jeune fille. Louisa était trop étonnée encore pour se rendre compte de ce qui lui arrivait ; contre la décision et le manque d'égards de sa mère, elle ne possédait pas d'autres armes que cette manière muette et imperceptible de se faner, qui donnait à son petit visage une beauté si touchante et douloureuse.

Ernest Land voyait peut-être cette beauté, mais il ne la reconnaissait point. Il avait peur des femmes, et pourtant il pensait à elles, certains soirs. C'était pour lui comme une image indéfinie de grâce et de bonté, qui tantôt étendait sur lui une main protectrice, tantôt vivait, timide et anxieuse, de sa propre protection. Il avait grandi dans un milieu étroit, au cœur de la ville, sans frères ni sœurs, sans amis, cordialement détesté par un vieux père aigri qui n'attendait que le moment où son fils serait en état de gagner sa vie. Ce père l'avait arraché à ses études alors qu'Ernest commençait précisément à y prendre goût. Il estimait avoir accompli tout son devoir en trouvant à son fils un emploi rétribué dans une pharmacie. Pour le reste, Ernest n'avait qu'à faire ce qu'il voulait. « Tu as toute la vie devant toi ! » avait-il coutume de répéter, avec toute l'emphase dont il était encore capable. Mais le jeune homme ne paraissait pas très avide de se lancer dans cette « vie-là ». Ses pensées ne vagabondaient guère dans la nouveauté et l'inconnu. Lorsqu'il ne maîtrisait pas ces dernières, elles s'en allaient par mille sentiers secrets rejoindre la beauté unique, évanouissante de son enfance, et s'agenouiller devant une petite femme triste, dont il se souvenait seulement qu'elle chantait de tendres mélopées slaves, et qu'à l'époque où il était entré à l'école, elle s'était couchée dans une chambre sombre, sans rien dire, pour y mourir lentement et sans bruit, durant toute une année peut-être. Elle lui inspirait en ce temps-là une sorte de crainte ; mais ce sentiment avait disparu après sa mort prématurée, et, depuis lors, il avait pris l'habitude de rapporter tout ce qui lui arrivait de bon au tendre amour de sa mère dont il croyait encore qu'il veillait sur ses jours. C'est ainsi qu'il en va souvent des orphelins. Ils refusent de goûter aux joies qui se mêlent, insouciantes et bienheureuses, à leur existence, ils en font une guirlande pour l'image obscure de leur nostalgie qui, dans ce cadre touchant d'offrandes, devient de plus en plus précise, heureuse et vivante pour eux. Et parce qu'ils restent pauvres, ils restent solitaires ; et parce qu'ils ne trahissent rien de leurs joies, ils ne se font pas d'amis. En général, l'être que sa mère n'a pas guidé sur les chemins du monde cherche sans fin et ne trouve pas les portes.

C'était seulement depuis qu'il habitait chez les Wanka que Land avait parfois le sentiment d'être chez lui. Il se sentait à l'aise dans sa chambrette. Il y passait ses dimanches, assis à sa grande table, perdu dans les lourds nuages de fumée de sa pipe, à lire de vieux livres aux pages jaunies, qui lui faisaient oublier hier et demain.

On ne s'étonnera donc pas qu'il n'eût point

entendu ce léger coup frappé à sa porte, et qu'il fût très surpris de distinguer soudain, à travers des flots de fumée, Louisa qui venait d'entrer et qui se tenait là, pleine d'embarras. Elle était comme une image de rêve, avec sa robe bleue, pâlie et sans ornements, et ses grands yeux muets, et elle tenait à la main trois petites roses blanches qui semblaient se serrer timidement contre elle.

— Oh ! pardonnez-moi, dit-elle en allemand, avec un léger accent slave, je croyais que vous étiez déjà sorti pour déjeuner... Je voulais seulement...

Et elle alla placer les trois roses blanches derrière une photographie de Zdenko, suspendue à la paroi près de la fenêtre.

Land avait souvent considéré ce portrait. Il regardait maintenant les mains de la jeune fille, qui tremblaient de douloureuse tendresse et, comme fasciné par ce spectacle, il fut incapable de dire un mot, de faire un geste, de rien penser. Il entendit encore la jeune fille qui disait : « C'est son premier anniversaire depuis qu'il n'est plus avec nous. » Puis tout fut de nouveau comme avant ; il se retrouvait seul dans le silence dominical de sa petite chambre, et il n'avait rien d'autre à faire qu'à continuer sa lecture. Mais il n'y parvint pas. Il regardait sans cesse vers la porte, comme s'il eût attendu quelqu'un. La fumée commença à l'irriter et il ouvrit la fenêtre, par où pénétra un flot d'air frais, avec la claire lumière de février. Un instant, une humeur de fête l'envahit. Il songea : « J'ai reçu des visiteurs de haut rang : trois roses blanches... », et il sourit comme en rêve.

Au mois de septembre, beaucoup de Pragois rentrent en ville, venant de la mer ou des forêts d'été. Ils ont perdu l'habitude de circuler dans les rues citadines. On les voit s'arrêter parfois, à l'improviste, leur chapeau à la main, comme en pleine forêt ; ou bien ils se mettent à chanter tout haut. C'est que les souvenirs ne sont pas encore endormis en eux. Et lorsqu'ils se rencontrent, ils sont heureux de se parler et de se communiquer leurs impressions. Ils sentent que ces récits raniment un peu l'éclat des derniers jours de leurs loisirs et répandent une consolation sur les rues trop chaudes et les places. Peut-être se disent-ils en se quittant : « Vous avez très bonne mine ! » et « Comme vous avez changé ! » Et ils se sourient un instant, embarrassés et reconnaissants.

C'est ainsi que Louisa, elle aussi, était rentrée. Elle avait été absente depuis le début du printemps. Il est, là-bas, un pays chaud et secret. Des fleurs éclatantes s'y contemplent dans des mares noires, frôlées par des oiseaux et des brumes. Des chemins blancs s'enfoncent dans les hautes futaies sombres et découvrent au sein des forêts une vie silencieuse et palpitante. Des formes surviennent, étrangement vêtues ; il se peut que ce soient des humains aux mines tristes, ou bien aux lèvres froides et souriantes. Vous croyez d'abord en avoir entendu parler, et vous ne savez plus où, ni comment. Mais alors ils vous embrassent, et vous reconnaissez en eux des amis autrefois aimés, puis oubliés. Vous allez les embrasser à votre tour, repentant. Et voici que leurs traits redeviennent étrangers, et que déjà ils se retirent dans la vaste forêt agitée. Ou bien ils vous attaquent soudain, avec des mots cruels et sanglants, et ils exigent que vous leur donniez votre cœur en retour. C'est un pays de jeunesse des enfants et des adolescents, des jeunes filles et des jeunes mères au bonheur douloureux dansent sur le sol lumineux, et leurs joues sont brûlantes d'une joie étrange. Mais ils ne se voient pas les uns les autres ; car il n'y a place dans leurs yeux que pour l'étonnement lorsqu'ils entendent les autres pèlerins se plaindre ou rire, ils épient autour d'eux et croient que ce sont des oiseaux, ou bien les ramures, ou le vent. Ils n'ont tous qu'un seul but : la montagne de flamme qui est au centre du pays. Et quand ils l'ont atteinte, beaucoup n'en reviennent jamais.

Louisa revenait d'un pays nommé « fièvre » ;

elle traversait, lente et souriante, les jardins de la convalescence. Elle se reconnaissait elle-même avec hésitation, elle reconnaissait sa mère, qui lui baisait les mains en pleurant, et la chambre que la lumière de septembre dorait. C'était une fête de retour.

Et quelles journées, dès qu'elle put sortir ! Un continuel revoir, un salut continuel à toutes les choses et à tous les êtres. Les gens souriaient et les choses resplendissaient. Il lui semblait que tout la reflétait et lui signifiait qu'elle était devenue forte et grande. Elle le savait bien. Elle se sentait pleine d'énergie et reposée. Sans rien dire, elle reprit ses cours. Elle n'avait rien oublié et, avant Noël, elle fut en état de donner elle-même des leçons de piano à une fillette. La petite montrait le plus grand respect pour sa maîtresse, et pourtant les rôles se trouvaient renversés. L'amour de ce jeune être et son dévouement réveillaient chaque jour, en Louisa, une foule de sensations de bonheur toutes nouvelles. Il y avait chez la jeune fille une attente, à laquelle les questions de l'enfant apportaient comme autant de réponses pleines de beauté et de bénédictions. Au cours de ces journées pourtant dépourvues d'événements, elle éprouva tant de joies à la fois qu'elle n'eut plus même le temps de jeter quelques regards en arrière. Tout ce qui était d'hier lui apparaissait maintenant comme un grand passé d'apaisement, qui ne pouvait plus jeter d'ombres sur les richesses de sa vie nouvelle.

Le jour de Noël, Louisa entra chez le jeune commis.

— Je voulais seulement vous demander, monsieur Land, de passer la soirée avec nous, si vous n'avez pas d'autre projet.

Ernest Land sourit avec reconnaissance. Puis il suivit le regard de la jeune fille et se sentit embarrassé. Au-dessus du portrait de Zdenko, il y avait trois roses blanches toutes fraîches.

Louisa lui tendit les deux mains :

— C'est vous qui avez fait cela ?

— Toujours...

Et Land s'irrita de se sentir rougir et promit rapidement qu'il viendrait.

La jeune fille s'arrêta encore sur le seuil.

— Vous êtes toujours si triste, monsieur Land.

Land se taisait.

— A quoi pensez-vous ? dit-elle.

Et le regard dont elle accompagna sa question le toucha si vivement qu'il confessa, avec un sanglot dans la voix :

— A ma mère.

Le soir de Noël, une atmosphère étrange et solennelle régna sur ces trois êtres. Et par la suite, elle ne les quitta plus. Semblable au pénétrant arôme du sapin, elle s'attardait dans leurs chambres et sur tous les objets, même lorsque Mme Wanka, atteinte d'une faiblesse subite, se vit forcée de garder le lit. Louisa reprit l'un après l'autre tous les soins du ménage des mains de sa mère, de telle sorte qu'à la fin celle-ci ne connut plus qu'un long jour de fête crépusculaire et silencieux, derrière les rideaux à demi tirés, tandis que le poêle chantait et que l'horloge faisait son tintement argentin. Le soir, il y avait de doux et muets entretiens entre les deux femmes ; et le passé n'y apparaissait plus ; c'est à peine si un tremblement le révélait parfois dans leurs voix : dans celle de la mère comme une timide prière, dans celle de la fille comme un lumineux et consolant pardon. Et ce fut ce passé encore qui se réveilla une dernière fois dans le sanglot avec lequel Louisa se pencha un matin sur sa mère ; sans lutte et sans douleur, elle venait d'entrer dans la paix.

Une semaine plus tard, Louisa reprenait ses leçons. Ses journées étaient remplies par une foule de petits devoirs acceptés avec joie, et si ses nuits étaient encore vides et anxieuses, elle sentait pourtant que nul danger et nulle hostilité ne se dissimulaient plus à l'arrière-plan de sa douleur obscure. Dans le calme de sa convalescence elle s'était trouvée elle-même et s'était reconnue si riche que sa solitude ne pouvait plus être augmentée par cette perte. Son chagrin ne se trahissait plus que par une légère réticence dans son sourire et ses mouvements. Il ne pouvait plus étouffer l'éveil de son être.

Le mois de février avait vu le dur hiver battre son plein. Mais, en mars, il y eut un jour de fête — la Saint-Joseph — qui produisit une excitation générale. La neige, oubliée et méprisée, ne couvrait plus que quelques collines et chaussées. Une première verdure paraissait sur les prairies libérées et, pendant la nuit, des chatons jaunes se berçaient au vent tiède sur les longues branches dénudées.

Louisa était sortie pour aller prier à la grand-messe de midi, dans l'église de Lorette. Mais, sans savoir comment, elle était passée devant l'église toute retentissante de cloches et s'était retrouvée dans l'une des allées solitaires du parc. Elle étendit les bras. Elle sentait combien elle aimait toutes choses autour d'elle, combien tout cela lui appartenait, et combien ce silencieux et joyeux éveil s'accordait à son bonheur secret et à ses douces nostalgies, mais non pas à ce que veulent les hommes dans leur obscure et impatiente agitation.

Tandis qu'elle revenait sur ses pas, elle croisa des groupes joyeux et s'arrêta souriante pour contempler le paysage si clair et si vivant : comment croire que ces essaims rieurs trouveraient encore place dans les étroites maisons, là-bas ?

N'était-ce pas que chacun avait grandi au-delà de lui-même dans ce jour lumineux dont on ne sentait pas le poids ? Le ciel resplendissait d'un éclat si riche et si subit que les hommes et les choses en oubliaient leur ombre quotidienne et devenaient eux-mêmes lumière dans le flamboyant paysage.

Devant ce spectacle, Louisa ne put s'empêcher de penser à Zdenko. Elle se demanda s'il lui était jamais arrivé, au cours de sa sombre existence, de considérer les hommes avec autant d'amitié et de bonheur.

Elle rentra. Les ombres grises des passants, dans les rues froides et retirées, se superposaient comme des vêtements de tous les jours, oubliés, et il semblait qu'une accablante odeur d'hiver en émanait. Louisa frissonna. A la première invite insidieuse d'une rue en pente, elle se mit à courir, par jeu, et elle trotta comme un enfant jusqu'au haut de la rampe, passant devant les vieux palais aux porches ornés de géants grondeurs qui la regardaient avec irritation. Mais elle n'avait plus peur d'eux.

Sur le seuil, elle trouva Rosalka. La servante communiquait, en gesticulant beaucoup, une nouvelle très importante aux voisines qui se pressaient autour d'elle et ponctuaient son récit de hochements de tête approbateurs. Dès que l'une des femmes eut aperçu Louisa, elles se mirent toutes à l'appeler à grands signes impatients. Quelques enfants criaient en même temps, et Louisa ne comprit finalement que le mot : visite. C'était suffisant pour son ébahissement. Un énorme « qui ? » remplissait toutes ses pensées pendant qu'elle se précipitait dans l'escalier obscur. C'est avec un regard de curiosité avide qu'elle fit irruption dans la chambre où attendait Mme von Meering, assise, droite et raide sur le sofa. La colonelle ne cherchait pas à dissimuler un sentiment de dignité offensée. Mais sa surprise fut encore plus forte que celle de la jeune fille : elle était venue dans l'intention d'apporter ses condoléances, et se vit soudain hors d'état de gratifier de belles phrases de consolation cette enfant rayonnante et essoufflée. Le spectacle de la joyeuse santé de Louisa l'indigna fortement et sincèrement, et elle sentit que sa présence était aussi déplacée dans ce cas que sa curiosité l'avait été naguère. « Quels gens ! pensa-t-elle. Il faut bien croire que c'est de famille. »

Louisa, ayant repris son souffle et balbutié quelques excuses, demanda poliment à la dame quel était l'objet de sa visite. Mme von Meering pressa rapidement son mouchoir sur sa figure et sanglota d'une toute petite voix :

— Votre pauvre, pauvre mère !

Comme cette émouvante remarque ne provoquait aucune réponse, la colonelle releva les yeux et insista, non sans sévérité :

— C'était une femme très digne et courageuse.

Louisa était assise, les yeux baissés, et contemplait la pointe de son joli pied. La dame attendit encore un instant, et comme Louisa ne pleurait toujours pas, elle comprit que tous ses efforts de douceur et de compassion resteraient vains, avec une jeune personne aussi obstinée. Et, tandis que son expression indiquait déjà qu'elle allait se lever, elle ajouta d'un ton amer :

— Je voudrais vous dire une seule chose, mon enfant. Vous avez sans doute réfléchi aux changements que la mort de votre brave mère rend indispensables ?

— Je ne sais pas, murmura Louisa embarrassée.

— Cela va pourtant de soi. Il vous faut immédiatement renvoyer ce jeune homme, dont j'apprends avec surprise qu'il habite toujours chez vous.

— Mais..., fit Louisa avec de grands yeux étonnés.

Puis un sourire rapide passa sur son visage qui parut presque fripon.

Mme von Meering était déjà debout près de la porte.

— J'ai cru de mon devoir d'attirer votre attention sur ce fait. Vous pouvez faire ce qui vous plaît, naturellement.

— Oui, madame ! répliqua Louisa, subitement arrogante.

Et elle se dressa sur la pointe des pieds, comme pour arriver à la hauteur de la colonelle qui paraissait de plus en plus grande. Puis elle dit avec un sourire :

— Ne voulez-vous pas vous reposer un moment encore, chère madame ?

Mais la dame offensée fuyait cette horrible maison. Elle était déjà dans la cuisine, où la vieille Rosalka se jeta à sa rencontre pour baiser respectueusement la manche de sa mantille de soie, près du coude. La colonelle s'arracha à ces hommages serviles avec un bref « Adieu ! » et trouva dans les regards avides des locataires, sortis sur leur palier, un petit dédommagement à « l'affront » qu'elle venait de subir.

Louisa resta un moment à réfléchir. Rosalka s'était élancée à la fenêtre pour tâcher de voir encore cette dame si distinguée qui, comme elle le disait avec emphase, était venue en visite « chez nous » ! Lorsqu'elle reparut, elle avait les yeux pleins de curiosité.

Louisa ne remarqua rien. Tout en arpentant la pièce, elle dit :

— Je crois que nous resterons dans cet appartement. J'avais oublié de vous en parler, Rosalka.

Vous êtes donc dès maintenant à mon service, aux mêmes conditions qu'auparavant. Sommes-nous d'accord ?

La vieille le jura sur son salut temporel et éternel ; et il advint qu'à travers ses larmes, elle se prit à dire « Mademoiselle » à sa maîtresse, au lieu de l'ancien petit nom de Loïsinka.

Puis Louisa alla frapper à la porte de Land.

Il vint lui ouvrir, tout souriant.

— Espèce de taupe, lui lança-t-elle malicieusement, toujours enfermé dans votre chambre ! Vous devriez sortir en ville aujourd'hui. C'est le printemps ! J'ai été me promener loin, très loin !

Et elle fit un geste comme pour lui montrer où était le printemps. Ses yeux brillaient, si prometteurs. Elle reprit d'un ton important et commercial :

— Je ne voudrais pas vous déranger, monsieur Land. Je voulais seulement vous dire que je garde l'appartement. Il n'y aura donc rien de changé, si toutefois vous êtes satisfait de votre chambre.

Il chercha les yeux de la jeune fille, puis baissa la tête.

— Eh ! dit-il faiblement, je suis très bien ici, je crois...

Il se mit à frotter ses paumes l'une contre l'autre...

Louisa tenait encore la poignée de la porte.

— C'est beau, dit-elle pour l'aider, et elle se sentit elle-même déconcertée.

Il avait l'air d'avoir quelque chose sur le cœur.

Les deux jeunes gens se turent.

Puis Louisa commença :

— J'aimerais tant savoir un peu mieux l'allemand. Peut-être auriez-vous besoin d'un peu de tchèque, vous aussi ?

— Oui, souffla Land, j'aime votre langue.

— Eh bien ! offrit Louisa gaiement, venez donc passer un moment dans la grande chambre quand vous aurez le temps. Il y a quelques livres, même des livres allemands.

Et sur le seuil elle ajouta :

— Venez aussi souvent que vous voudrez, — et plus bas : il faut que vous me parliez de votre mère.

1899.

DU MÊME AUTEUR

Lettres françaises à Merline
Seuil, « Le don des langues », 1950, 1984

Œuvres. Vol. 1 Prose
Édition établie et présentée par Paul de Man
Seuil, 1966

Les Cahiers de Malte Laurids Brigge
Seuil, 1966
et « Points », n° P 199

Les Élégies de Duino/Les Sonnets à Orphée
Seuil, éd. Bilingue, 1972
et « Points Essais », n° 54

Œuvres. Vol. 2 Poésie
Édition établie et présentée par Paul de Man
Seuil, 1972

Œuvres. Vol. 3 Correspondance
Édition établie et annotée par Ph. Jaccottet
Seuil, 1976

Lettres autour d'un jardin
La Délirante, 1977

Vergers
Gallimard, « Poésie », 1978

Correspondance avec une dame, Hélène von Nostitz :
1910-1925
Aubier-Montaigne, 1979

Correspondance à trois
(avec Boris Pasternak et Marina Tsvetaïeva)
Gallimard, 1983

Le Testament
Seuil, « Le don des langues », 1983

Lettres à une amie vénitienne
Gallimard, 1985

Correspondance
(avec Lou Andreas-Salomé)
Gallimard, 1985

Le Chant de l'amour et de la mort du cornette
Christophe Rilke
(Illustrations de Nacer Khémir)
La Découverte, 1987

Mitsou
(Illustrations de Balthus)
Séguier, 1988

Correspondance avec Marie de La Tour et Taxis
Albin Michel, 1988

Le Vent du retour
Arfuyen, 1989

Journaux de jeunesse
Seuil, « Le don des langues », 1989
et « Points Roman », n° R485

Le Livre d'heures
Le Cri, 1989

Les Roses
Gonin éd., 1989

Le Livre de la pauvreté et de la mort
Actes Sud, 1989

Correspondance : 1924-1925
(avec Catherine Pozzi)
La Différence, 1990

Lettres sur Cézanne
Seuil, « Le don des langues », 1991
et « L'École des Lettres », 1995

Lettres à un jeune poète
Seuil, « L'École des Lettres », 1992

La Vie de Marie
Arfuyen, 1992

Chant éloigné
Verdier, 1992

La Princesse blanche
Zoé, 1992

L'Amour de Madeleine – Die Liebe der Magdalena :
traduction d'un sermon anonyme du XVIIIe siècle
Arfuyen, « Textes allemands », 1992

Œuvres en prose : récits et essais
(Édité et préfacé par Claude David)
Gallimard, « Bibliothèque de la Pléiade », 1993

Lettres à Yvonne von Wattenwyl : 1919-1925
Verdier. 1994

Poèmes à la nuit
Verdier, 1994

Lettres à une compagne de voyage
Quinzaine littéraire éd., 1995

Lettres à un jeune peintre, Balthus
Aine éd., « Le chant du monde », 1996

Requiem
(Illustrations de Alexandre Hollan)
Fata Morgana, 1996

Élégies duinésiennes
(Édité et traduit par J.-Y. Masson)
Imprimerie Nationale, 1996

Histoires du Bon Dieu
(Présentation par Lionel Richard)
Seuil, « Points », n° P 309

Le Livre de la pauvreté et de la mort
(Traduit et préfacé par Jacques Legrand)
Arfuyen, 1997

Ewald Tragy et autres récits de jeunesse
(présentation par Lionel Richard)
Seuil, « Points », n° P 436

IMPRESSION : BUSSIÈRE CAMEDAN IMPRIMERIES À SAINT-AMAND (CHER)
DÉPÔT LÉGAL : NOVEMBRE 1997. N° 33143 (1/2954)